Courts toujours!

Le cochon de Noël

et autres nouvelles argentines

HACHETTE

Une collection créée par Évelyne Hiest
et animée par Constance Joly.

Fabricio Bongiovanni est né en 1968 en Argentine, d'une famille d'ascendance italienne. Lorsqu'il a huit ans, la lecture de *Vingt mille lieues sous les mers* donne naissance à sa vocation littéraire. Dix ans plus tard, il quitte le bercail et s'envole pour Buenos Aires faire des études littéraires, qu'il finit par abandonner. Plus tard, il voyage dans divers pays d'Amérique latine, puis parcourt l'Europe. En 1990, il s'installe à Paris où il suit des études de cinéma, avant de reprendre une formation littéraire. Ses pères spirituels sont les maîtres du fantastique argentin : J. L. Borges, A. Bioy Casarès, J. Cortázar, S. Ocampo et leur confrère uruguayen, F. Hernández. Ses nouvelles, au croisement du burlesque et du fantastique, ont vu le jour dans plusieurs anthologies en Argentine.
En 1986, il obtient le deuxième prix du concours littéraire *Club Somisa* et, en 1996, la nouvelle qui donne son titre à ce recueil se trouve finaliste et obtient une mention au concours littéraire *Desde la gente*.

Toutes les nouvelles de ce recueil
sont traduites par Claudia Rosenblatt,
à l'exception de *La vierge qui vomissait*,
réécrite en français par l'auteur.

L'oiseau de malheur

Il s'appelait Roque, était ouvrier du bâtiment et revenait du service militaire. Comme il cherchait à se marier, il allait au bal tous les samedis, habillé sur son trente et un. Elles étaient nombreuses à aimer danser avec lui, se laisser prendre dans ses bras rugueux, fatigués de porter des sacs de ciment et qui s'ouvraient comme des fleurs assoiffées au contact d'une peau de femme.

Un samedi, dans un bal du centre-ville, il rencontra Marta, une femme de ménage qui cherchait aussi à se marier. Une danse leur suffit pour se rendre compte qu'ils se plaisaient. Ils décidèrent de partager une table ; il prit un verre de vin blanc et elle une boisson gazeuse. À la fin du bal, Roque paya la note, lui proposa de la raccompagner, et en chemin ils se fiancèrent. Quinze jours plus tard, se moquant du qu'en-dira-t-on, ils se marièrent.

•

Ils choisirent un terrain vague dans les faubourgs et bâtirent une cabane. Leurs proches la remplirent de cadeaux de mariage qui venaient des poubelles des beaux quartiers. Le logement était si minuscule qu'un observateur perspicace passant devant aurait pu se demander comment ils faisaient pour y vivre à deux. La cabane mesurait deux mètres sur trois, mais ils avaient réussi à caser un canapé-lit, une table, des chaises pliantes, un téléviseur portable, un frigidaire bancal, une commode, un miroir, une lampe de chevet et voilà tout.

Comme ils n'avaient pas de place pour une cuisinière, ils mangeaient des sandwichs, des fruits et des pâtisseries. Ils n'avaient pas non plus de salle d'eau : Roque se lavait sur le chantier et Marta chez sa patronne et quand, la nuit, ils avaient un besoin urgent, ils allaient sur une bouche d'égout. Le seul luxe qu'ils pouvaient se permettre était d'avoir un chien, animal qui mange n'importe quoi et sait se débrouiller tout seul. Ils adoptèrent Boby, un bâtard, croisement de berger allemand et de lévrier, qui construisit tout seul sa niche à deux pas de la cabane.

Roque partait le matin travailler sur le chantier, à bicyclette et très tôt, parce que le contremaître l'avait à l'œil depuis qu'il était arrivé avec une minute et demie de retard. Boby l'accompagnait, avec l'espoir de trouver un os à ronger dans quelque cour voisine, et ils ne rentraient pas avant six heures. Marta, qui ne travaillait que l'après-midi, pliait les meubles et se chargeait de nettoyer la maison – ce qu'elle faisait en deux temps trois mouvements. Alors elle sortait balayer la cour, ou bien, si elle avait assez d'argent pour le billet de bus, elle allait au centre-ville faire du lèche-vitrines. L'observateur perspicace pouvait constater qu'elle passait la plus grande partie de la matinée hors de la maison.

Petit à petit, Marta se rendit compte qu'elle ne savait pas comment remplir ces heures creuses. Elle arriva à la conclusion qu'il lui fallait un enfant et elle en parla à Roque. Il prit un air grave et lui répondit qu'il était encore trop tôt, que la maison suffisait à peine pour eux deux : où allaient-ils mettre un gosse ? Marta acquiesça et fit semblant d'être convaincue, mais en réalité elle ne renonça pas à son désir. L'observateur perspicace aurait voulu donner son avis, mais Roque, lassé de ce type qui n'arrêtait pas de les observer avec perspicacité et qui, par-dessus le marché, se mêlait de ce qui ne le regardait pas, le chassa à coups de pied.

•

La première fois, c'était un mercredi, à l'heure du dîner. Boby aboya comme un chien fou alors qu'on frappait délicatement à la porte. Roque tendit le bras pour ouvrir : il n'y avait personne. Mais, lorsqu'ils baissèrent les yeux vers Boby pour le faire taire, ils découvrirent, sur le paillasson devant l'entrée, un nouveau-né emmailloté dans une étoffe blanche. Au loin, une cigogne s'envolait, poursuivie par le chien.

Roque foudroya Marta du regard. Elle haussa les épaules comme pour dire qu'elle n'y était pour rien, puis elle souleva l'enfant et le blottit contre son sein, tandis que la cigogne devenait un point dans le ciel. Ils examinèrent le sexe du bébé et il s'avéra que c'était un garçon. Marta le chatouilla, il rit tellement qu'il fit pipi et la mauvaise humeur de Roque se dissipa.

Après s'être longuement demandé ce qu'ils lui mettraient sur le dos, ils l'enveloppèrent dans un des caleçons de Roque, puis, lorsque l'enfant s'endormit dans les bras de Marta, ils discutèrent à voix basse pour décider où l'installer. Ils réfléchirent tant qu'ils eurent mal à la tête, et optèrent pour une solution provisoire : ils le mettraient sous le canapé-lit.

Ils éteignirent la lumière et se dirent bonne nuit, mais ni l'un ni l'autre ne put fermer l'œil. Ils se retournaient dans leur lit et, chaque fois qu'ils bougeaient, le gosse menaçait de pleurer, étouffé entre le sommier et le sol. Jusqu'au moment où Roque ralluma la lampe et l'installa rudement sur la table.

Pour qu'il prenne le moins de place possible, ils lui donnèrent un prénom très court : Juan.

•

Le lendemain, dès qu'elle se retrouva toute seule, Marta fit mille fois le tour de la cabane à la recherche d'un espace libre. Quand Roque revint du chantier, elle lui proposa d'installer Juan dans la niche de Boby. Il lui demanda ce qu'ils feraient du chien, ce à quoi elle répondit froidement qu'ils n'avaient qu'à s'en séparer.

Plus tard, comme Boby voulait savoir où on l'emmenait, Roque, en prenant sa bicyclette, imita la froideur de Marta et lui dit qu'ils allaient faire un tour. En les voyant s'éloigner, Marta essuya une larme à un coin de sa jupe sans remarquer que, du haut d'un arbre, l'observateur perspicace lorgnait sa culotte. Les silhouettes se perdirent dans le lointain et elle rentra à la maison pour donner le biberon à Juan.

Un peu plus tard, les aboiements de Boby firent sursauter Marta à tel point que Juan s'étouffa avec le lait. Elle regarda par la fenêtre et vit le chien qui remuait la queue tandis que Roque poussait son vélo avec un sourire résigné. Dans l'intimité de la nuit, il lui raconterait son échec en détail : plus ils s'éloignaient du quartier, plus Boby devenait insistant, il voulait savoir pourquoi ils allaient si loin. Quand il s'était caché, le chien l'avait trouvé tout de suite, et, les yeux tristes comme s'il avait pressenti quelque chose, il lui avait demandé, d'une voix tremblante, pourquoi il le faisait. Roque l'avait consolé en lui disant que c'était une blague et il avait aussitôt décidé de faire demi-tour.

Ils se résignèrent à donner à Juan une moitié de table en guise de berceau, l'autre moitié leur suffirait pour manger. Mais Juan grandissait à vue d'œil, et un jour Roque calcula avec son mètre de poche que bientôt la table serait trop courte. Alors, après le dîner, pendant qu'elle repassait sur l'avant-dernier bout de table, Roque, sur l'ultime coin de bois, se mit à écrire des lettres aux gérants des banques : ils sollicitaient un crédit pour agrandir la cabane.

N'empêche que Marta était heureuse. Elle avait enfin trouvé la manière d'occuper ses matinées.

•

Une nuit que Roque écrivait et que Marta repassait, on frappa deux coups à la porte : « Toc toc ! » Roque remit le capuchon sur son stylo et regarda Marta qui se mordit les lèvres et arrêta le va-et-vient du fer à repasser. Lorsqu'il ouvrit, les charnières crissèrent comme des cigales. La cigogne s'envolait vers les étoiles et un bébé s'agitait sur le paillasson.

Roque donna un coup de pied si fort dans la porte qu'il la fit sortir de ses gonds. Marta se jeta sur le bébé juste au moment où Roque donnait un autre coup de pied au paillasson en faisant tournoyer le mot *Bienvenue à bord*. Face au vacarme, le nouvel arrivant se mit à pleurer et Juan l'imita. Ensemble, ils étouffèrent les aboiements de Boby, qui reçut lui aussi un coup de pied pour avoir négligé son rôle de chien de garde.

Il ne leur restait pas grand-chose à faire. Ils devaient se résigner à perdre l'autre moitié de la table et le deuxième caleçon de Roque. Cette nuit-là, après avoir rangé les chaises et déplié le canapé-lit, ils prirent chacun une extrémité du bébé, Roque les pieds et Marta la tête. Ils essayèrent de le plier en deux, mais il braillait si fort qu'il leur fit de la peine, et ils y renoncèrent. C'était aussi un garçon et ils lui donnèrent le prénom le plus court qui leur restait : José.

•

Avant la fin de la semaine, ils s'étaient déjà habitués à la vie à quatre, tout en gardant dans un coin de leurs cœurs l'espoir de pouvoir agrandir la maison. Un samedi, pendant que les enfants faisaient la sieste sur la table, Roque et Marta regardaient un chanteur célèbre à la télé. Subjugués par le petit écran, ils n'entendirent pas les trois coups frappés à la porte : « Toc toc toc ! » Ce furent les tardifs aboiements de Boby qui les firent réagir. Ils allèrent à la fenêtre et ils virent la cigogne prendre péniblement son vol, poursuivie par le chien qui lui mordait la queue. L'observateur perspicace se tordait de rire, perché sur la branche d'un platane.

Roque s'élança en jetant des cailloux à l'oiseau qui volait de plus en plus haut, indifférent à ses insultes. Découragé, il revint sur ses pas, lança un dernier caillou sur la tête de Boby, qui l'esquiva de justesse, et se retrouva nez à nez avec l'évidence du nouveau venu, pendu au cou de Marta. Accroupi derrière le canapé-lit, Roque enleva le dernier caleçon qui lui restait et le jeta sur la table.

On n'entendait que le bourdonnement du téléviseur et, de temps à autre, un soupir de Roque, jusqu'au moment où Marta se décida à fredonner timidement une berceuse. Les enfants semblaient avoir compris la situation, et même le nouvel arrivant se tenait à carreau. Roque sortit faire les cent pas autour de la cabane pour décharger sa bile et, quand il revint, il alluma une cigarette. Marta lui fit signe de penser aux enfants et il fut obligé de la jeter par la fenêtre.

Cette nuit-là, ils dormirent à trois dans le canapé-lit et, le lendemain, Marta annonça à sa patronne qu'elle ne viendrait plus travailler.

•

Afin qu'il occupât le moins de place possible, ils décidèrent d'installer le troisième enfant dans le sac à provisions, de l'accrocher au plafond, et de ne pas lui donner de prénom pour le moment. Chaque fois qu'ils voulaient parler de lui, ils le désignaient du doigt.

Roque passait une partie de ses nuits à écrire des lettres aux gérants des banques. Il les implorait, en gros caractères, de leur accorder le prêt qui les sauverait. Avant de mettre les lettres dans l'enveloppe, Marta les lisait et les relisait pour corriger les fautes et, le lendemain matin, elle les emportait au bureau de poste. Lorsque Roque revenait au crépuscule, les bras fatigués de charger des briques, il lui suffisait de désigner la boîte aux lettres du regard pour qu'elle répondît, en haussant les épaules, que rien n'était arrivé.

Un après-midi, Marta le reçut avec une enveloppe ouverte à la main et une tête d'enterrement. En six lignes, le gérant d'une banque expliquait, avec des formules de politesse difficiles à déchiffrer, que, sans caution, il lui était impossible de leur accorder le moindre sou. Il signait d'un gribouillage qui couvrait la moitié de la page et qui les laissa très impressionnés.

Deux ou trois jours s'écoulèrent, au cours desquels Roque passait de la préoccupation à la colère et Marta de la résignation aux pleurs. Quand ils en avaient assez, ils échangeaient leurs états d'âme comme si c'étaient des jouets : il pleurait un moment tandis qu'elle se faisait du souci, ou bien il se résignait pendant qu'elle s'emportait.

Dans un de ces moments de fureur, Roque sortit du dernier tiroir de la commode un vieux fusil hérité de quelque ancêtre violent. Il passa tout un dimanche à le démonter et à nettoyer les différentes pièces avec de l'essence, pour ensuite le remonter et le remplir de plombs, tandis que Marta, effrayée, l'observait en silence. Lorsqu'il visa un angle de l'encadrement de la fenêtre, elle se plaça face à lui et, sans cesser de donner le biberon au plus petit, elle cria, comme une Mère Courage, qu'avant de les toucher il allait devoir passer par-dessus son cadavre.

Il laissa tomber le fusil pour s'armer d'un sourire et lui demander, avec une tendresse soudaine, ce qu'elle allait chercher là. Pour la rassurer, il traversa les quelques centimètres qui les séparaient et la prit dans ses bras rugueux. La peau de Marta se souvint de leur première danse. Ils restèrent un long moment confondus dans cette étreinte : Roque, Marta, le plus petit et le fusil.

Les jours qui suivirent, Roque n'alla pas au chantier. Il prétexta confusément qu'il dormait mal la nuit, qu'il y avait très peu de travail, et puis qu'il avait ses raisons à la fin. Il passait ses journées collé à son fusil, il le caressait, le faisait tourner entre ses doigts ou le blottissait contre son ventre, selon son humeur. Parfois, il visait des cibles imaginaires et criait : « Pan ! Pan ! » en se trémoussant. Tous les matins, dans la cour, il initiait Boby à de mystérieuses pratiques, et le chien courait de-ci de-là, selon que Roque lui ordonnait : « Par ici ! » ou « Par là ! » Il va sans dire que l'observateur perspicace, dès qu'il vit apparaître le fusil, disparut de la circulation.

Prise par les gosses, Marta n'avait ni le temps ni l'énergie pour l'aider. La seule chose qu'elle pouvait faire, lorsqu'elle disposait d'un moment de répit entre deux biberons, c'était de l'encourager du regard. Roque répondait avec des gestes vagues, obsédé par la douloureuse attente.

De cet après-midi-là, Marta allait garder un souvenir retentissant. D'abord, les aboiements de Boby. Aussitôt après, les coups frappés à la porte : « Toc toc toc toc ! », puis un bruissement d'ailes et un coup de feu. À la déflagration succédèrent la course de Roque, ses cris pour que le chien lâchât la proie et les grognements de Boby qui obéissait à contrecœur. Ensuite, il y eut le frottement des plumes de l'oiseau traîné sur le chemin, le grincement de la bicyclette rouillée, la voix, de plus en plus lointaine, de Roque qui entonnait avec enthousiasme une chanson de chasseurs. Et finalement, derrière la porte, à la hauteur du paillasson, les pleurs d'un nouveau-né.

•

À l'aube, ils furent réveillés par des secousses qui faisaient trembler la cabane. Quelqu'un leur criait d'ouvrir en donnant des coups de poing qui menaçaient de casser la porte en deux. Les enfants se réveillèrent en bâillant des sanglots aux quatre coins de la pièce. Quand Roque entrouvrit la porte, une tête coiffée d'un képi surgit et lui demanda d'allumer la lumière et de les laisser entrer. Roque lui expliqua qu'il n'y avait pas de place et le policier les somma de sortir.

Elle, en chemise de nuit, et lui, en pyjama, se retrouvèrent dans le froid. Deux policiers les dévisageaient d'un air grave et deux autres fumaient tranquillement dans un fourgon cellulaire. Tous les quatre étaient gros, ils avaient les yeux rouges, les uniformes froissés, la barbe mal rasée et une haleine qui sentait le pot-au-feu. L'un d'eux proféra, un mégot éteint aux lèvres, qu'ils avaient un mandat d'arrêt. En voyant que l'unique réaction de Roque et de Marta, encore tout ensommeillés, était de se frotter les yeux et de se moucher le nez, l'agent perdit patience et sembla devoir faire un immense effort pour articuler qu'ils devaient les suivre. Il se retourna pour regarder ses collègues, en se frappant le crâne du poing comme pour dire que ces deux-là avaient la tête dure.

Roque et Marta s'habillèrent à la hâte, pendant que les policiers faisaient trembler les murs en criant des insultes et en les épiant par le trou de la serrure. Ceux qui étaient dans la voiture descendirent et, tous ensemble, ils soulevèrent la cabane à un mètre du sol en se tordant de rire. À l'intérieur, le quatuor de pleurs discordants s'amplifiait à chaque oscillation de la cabane.

Quand ils les poussèrent dans le fourgon, Marta demanda ce qu'allaient devenir ses enfants, et le seul des quatre policiers qui parlait lui répondit qu'il n'avait pas de mandat d'arrêt contre eux.

Alors que Boby les regardait s'éloigner, Roque parvint à lui crier qu'il lui confiait les enfants. Lorsque le moteur démarra, le chien les suivit pendant quelques centaines de mètres, en aboyant de toutes ses forces, puis le fourgon cellulaire tourna dans une avenue et ils le perdirent de vue.

•

Ils furent accusés d'homicide volontaire avec préméditation. Au cours du procès, ils ne nièrent pas le crime. Roque expliqua que, si l'oiseau avait continué à leur rendre visite aussi fréquemment, ils n'auraient plus eu assez de place ni de nourriture pour tous ces petits êtres. Marta osa seulement demander, en balbutiant, qu'on lui amenât ses enfants, parce qu'elle ne les avait pas revus depuis le matin où ils avaient été arrêtés.

L'avocat de la défense, un petit jeunot plein de bonnes intentions, était très bavard. Mais le jury insensible ne dissimula pas sa préférence pour le discours rempli de figures rhétoriques du procureur, qui requit la peine maximum en se basant sur deux preuves irréfutables : l'arme du crime, que les policiers de la brigade criminelle avaient trouvée dans un tiroir de la commode, et le témoignage du gardien du jardin public où Roque avait jeté le cadavre.

Un vaste auditoire suivait le procès jour après jour. Des gens venaient des quatre coins de la ville : des mères obèses avec des douzaines de gamins accrochés à leurs jupes, des vieilles filles qui n'avaient jamais vu une cigogne de leur vie, des veuves de policiers, des contremaîtres, et même l'observateur perspicace en personne qui ne cessait de répéter d'une voix forte à tous ceux qui voulaient bien l'entendre qu'il avait toujours su qu'ils allaient mal finir.

Lorsque le juré prononça le verdict, les applaudissements noyèrent les huées des quelques proches de Roque et Marta. Quant à ceux-ci, ils n'entendirent rien ni personne, hypnotisés qu'ils étaient dans l'échange d'un regard enfiévré.

•

L'exécution eut lieu le premier dimanche de printemps. L'échafaud avait été monté la nuit précédente et, dès le matin très tôt, les gens s'étaient installés sur la place avec leurs paniers à provisions, leurs lits de camp pliants et leur envie de fête. Il y avait de quoi : c'était le seul spectacle gratuit que la ville leur offrît. La fanfare de la police accordait ses instruments à côté de l'estrade et, au son des premières notes, la foule les ovationna.

Les condamnés arrivèrent dans deux fourgons différents. Marta monta les marches de l'échafaud tapissées de rouge, cramponnée au bras de son parrain de potence et suivie de près par Roque, au bras de sa marraine. Lorsque le bourreau leur demanda d'exprimer leur dernier souhait, ils répondirent à l'unisson et sans se consulter qu'ils voulaient mourir ensemble. Le bourreau mit ses lunettes par-dessus sa cagoule, appela le menuisier et, en un quart d'heure, ils dressèrent la seconde potence. Le public battait des mains de plus en plus vite. Un groupe de jeunes, s'accompagnant de guitares, improvisa des couplets comiques qui firent rire même le bourreau.

Avec un long baiser salué par des cris et des sifflements, Roque et Marta se dirent adieu jusqu'à l'éternité. Le bourreau leur mit une cagoule, bleu clair pour lui, rose pour elle. Puis il leur passa la corde au cou et se plaça entre eux pour la photo. Finalement, il fit un geste discret à ses assistants. Lorsque Roque et Marta sentirent le sol se dérober sous leurs pieds, ils se jetèrent dans les bras l'un de l'autre et leurs corps enlacés dansèrent au rythme de l'*Hymne à la joie*. Le chef d'orchestre fit coïncider très habilement le refrain avec leurs gesticulations les plus violentes et les derniers accords avec les coups de pied posthumes de Roque.

•

L'oiseau de malheur

Il existe plusieurs versions à propos du sort que connurent les enfants. Certains affirment qu'ils furent confiés à un orphelinat. D'autres disent que Boby, après s'être marié avec une fox-terrier de race, les éleva comme s'ils avaient été ses propres chiots. Mais nombreux sont ceux qui préfèrent croire à une troisième version. Le bourreau, qui était très influent, se serait arrangé pour les adopter incognito, et les quatre gamins, aujourd'hui des jeunes hommes qui rêvent de trouver la femme de leur vie au bal du samedi soir, le considèrent comme leur propre père, sans même soupçonner leur véritable origine.

Les chaussettes

Avant de sortir pour prendre le bus et se rendre à son travail, il s'était regardé dans le miroir de l'entrée. Assez grand pour que son corps s'y reflétât à partir de la taille, installé près de la porte, le miroir était une idée de sa sœur. Elle l'avait placé là afin qu'il puisse déceler, au dernier moment, des incongruités dans sa tenue, sa coiffure ou son visage. Une fois de plus, le miroir s'était révélé utile : sur l'épaule gauche de sa veste à petits carreaux, à côté de la cravate à petites fleurs, il y avait une chaussette à petits pois.

Il se souvint alors que, un peu plus tôt, en s'habillant, il avait enfilé une chaussette à son pied droit, et, quand il avait voulu mettre l'autre, il avait eu beau la chercher, il ne l'avait trouvée nulle part. En fouillant plus loin dans sa mémoire, il revit la scène : avant de mettre sa première chaussette, il avait posé la seconde sur son épaule, en attendant de l'enfiler. Il n'y avait pas plus distrait que lui, disait toujours sa sœur, et elle ne manquerait pas de le répéter en apprenant l'incident.

Il posa son porte-documents contre le mur et se dirigea vers la buanderie pour ranger la chaussette dans la boîte que sa sœur réservait aux chaussettes dépareillées. Au moment où il entrait dans la pièce, le moteur du réfrigérateur se mit en marche. Il décida de prendre deux bières parmi les boissons qui attendaient la prochaine fête. Il sortit les bouteilles, ouvrit la première avec l'instrument approprié qu'il rangeait là exprès, la porta à ses lèvres et but d'un trait. Le liquide l'étouffa lorsqu'il l'avala et, avant d'avoir vidé la bouteille, il entendit un bruit de tissu déchiré. La manche droite de sa veste s'était décousue.

Il alla donc se changer dans sa chambre et, alors qu'il enlevait sa veste, il se retrouva nez à nez avec son reflet dans le miroir du placard. C'était le fabricant qui avait eu l'idée d'installer une glace à cet endroit pour qu'on puisse déceler des faux plis dans les vêtements ou des taches sur les chaussures et, encore une fois, sa présence se révélait utile : sur son épaule gauche, il y avait une chose informe. Il se rapprocha de la glace et constata qu'une chaussette couleur saumon traînait sur sa chemise blanche. Il palpa la matière synthétique et se souvint alors qu'un peu plus tôt, tandis qu'il finissait de s'habiller, il avait enfilé une chaussette à son pied droit et, quand il avait voulu mettre l'autre, il avait eu beau la chercher partout, il ne l'avait trouvée nulle part.

Après un premier moment de surprise, il la laissa sur la commode, bien en vue pour ne pas oublier de l'emporter à la buanderie et la ranger dans la boîte à chaussures que sa sœur réservait à cet usage. Il regarda l'heure au réveil et constata qu'il arriverait en retard au travail.

Il se demanda où il avait laissé sa bière, se gratta la poitrine à travers la chemise et, de la poitrine, passa à l'aisselle gauche. Il sentit une chose étrange entre ses doigts, déboutonna sa chemise, desserra sa cravate, et trouva, sous le tissu, entre la peau et l'étoffe, une chaussette bleue.

Il la prit, la porta à ses narines, constata qu'elle était propre, et resta planté là, à la regarder pendant quelques secondes. Il se rappela qu'un peu plus tôt, après le petit déjeuner, juste avant de sortir pour aller travailler, il avait enfilé une chaussette, et quand il avait voulu mettre l'autre, il avait eu beau la chercher partout, il ne l'avait trouvée nulle part.

Il la posa sur la table de chevet, bien en vue pour la ranger plus tard dans la boîte à chaussures qui, grâce à l'ingéniosité de sa sœur, bénéficiait d'une seconde vie sur une étagère de la buanderie. Il éternua deux fois, en ouvrant les bras et en poussant un cri pour dissiper tous les doutes.

Il pensa au changement de saison, à la bière froide et à la chemise ouverte, et en déduisit qu'il devait s'agir d'un début de grippe ou d'influenza. Il se sentit étouffer et arracha sa cravate. La sensation d'étouffement continua et se transforma en nausées. Il ouvrit grand la bouche, y introduisit deux doigts, les enfonça jusqu'aux amygdales et, du bout de ses phalanges, il toucha une substance étrange.

Il courut se placer face à la glace, rouvrit grand la bouche et découvrit, entre ses amygdales, une deuxième langue foncée. Du bout des doigts, il attrapa l'objet et tira. C'était une matière molle et rugueuse qui lui râpait la gorge s'il tirait trop fort. Il vit apparaître une chaussette rouge, imbibée de bière noire. Avec une moitié dehors et l'autre dedans, il eut envie de vomir, mais réussit à se retenir. Il sortit la chaussette et la jeta sur le tapis.

Une fois les nausées passées et sa respiration normale retrouvée, il se souvint que le matin même il s'était habillé à moitié endormi et que, pendant qu'il enfilait une première chaussette, il avait longuement bâillé. Quand il avait voulu mettre l'autre, il avait eu beau la chercher partout, il ne l'avait trouvée nulle part.

Il n'envisagea même pas d'aller la ranger dans la boîte à chaussures parce que l'envie de vomir lui revint, et il fila à la salle de bains. À genoux, la tête à l'intérieur de la cuvette des W.-C., il vomit jusqu'à la bile. Parmi les restes de bière, café au lait, tartines beurrées et jus d'orange, flottait une chaussette verte.

En la soulevant, il conclut, en raison de la couleur et de la taille, qu'il s'agissait d'un bas de femme. Il se rappela que, la veille, il s'était rendu dans un hôtel avec sa fiancée. Au cours des préliminaires amoureux, il l'avait déshabillée lentement, s'aidant de ses mains, ses doigts, ses dents. Au moment de partir, sa fiancée avait cherché son bas partout et ne l'avait trouvé nulle part.

Il se lava la figure et se regarda dans la glace. Assez grande pour que s'y reflète la moitié du corps, elle avait été posée là sur ordre de l'architecte, dans le but de mettre en évidence de possibles incohérences sur le visage, les cheveux ou les vêtements. Il était pâle, et, quand il se toucha le front, sa main lui brûla. Il desserra sa ceinture et laissa tomber son pantalon. Il dégagea un pied du vêtement en tire-bouchon et s'achemina vers sa chambre à grandes enjambées, le pantalon traînant à son autre pied. Il se mit au lit, bien enfoncé dans les draps, nu (ou plutôt, pour être plus précis, presque nu : il avait gardé son slip, sans oublier ses chaussettes).

Il éprouva une brusque douleur. D'abord diffuse, elle finit par se concentrer sur un point précis : l'aine. Il prit le téléphone qui se trouvait sur la table de chevet, appela son patron et lui dit que, ce matin-là, il serait absent, et peut-être l'après-midi aussi, il ne savait pas très bien. La douleur à l'aine devint plus aiguë et il appela sa sœur à son travail pour lui demander de lui envoyer un médecin. Il ne se sentait pas la force de chercher des numéros dans l'annuaire. Il craignait de se perdre dans les pages blanches, d'être obligé de passer aux pages jaunes et de ne les trouver nulle part.

Sa sœur entra avec le médecin qui, comme un vrai docteur de cinéma, apportait une trousse, de laquelle il sortit un stéthoscope. Il l'ausculta en le palpant, examina l'intérieur de son corps depuis les yeux et la bouche, lui pressa l'aine, lui demanda de quel côté il avait mal, le droit ou le gauche, et conclut qu'il s'agissait d'une appendicite. Finalement, le médecin remit le stéthoscope dans sa trousse, sortit un téléphone portable et appela l'hôpital pour commander une ambulance de toute urgence. Pendant qu'on le mettait dans l'ambulance, il prévint sa sœur qu'il avait laissé une bière pour elle dans la buanderie.

En se réveillant, au milieu des brumes de l'anesthésie, il vit une étendue de draps blancs avec des mots brodés dessus et, au fond, une forêt de tuyaux brillants. À son côté, assise sur une chaise, les jambes croisées, sa sœur tenait d'une main un crayon et de l'autre un magazine de mots croisés. Quand il lui parla, d'une voix très faible, elle leva les yeux et posa la revue et le crayon. Elle lui dit que l'opération s'était bien passée, mis à part que, en l'ouvrant, ils avaient trouvé un corps étranger incrusté dans l'appendice.

Elle lui montra une socquette de bébé en laine, enveloppée dans une compresse. Il se souvint alors d'une anecdote que sa mère lui avait plusieurs fois racontée : lorsqu'il était encore nouveau-né, un jour qu'elle finissait de l'habiller et qu'elle lui avait mis une socquette, le téléphone avait sonné, elle s'était empressée d'y répondre, et, en revenant pour lui enfiler l'autre, elle avait eu beau la chercher partout, elle ne l'avait jamais trouvée.

Tout ça
pour un petit puma !

Le téléphone du salon n'arrêtait pas de sonner, mais moi, je ne pouvais pas y aller parce que je regardais la fin d'un épisode de *Batman*[1] à la télé. Quant à Tato, mon frère, allez savoir où il s'était fourré. Maman, qui venait tout juste de se réveiller de sa sieste et faisait la vaisselle, avait passé la tête à travers la porte de la cuisine pour m'engueuler, de cette voix à mener tout le monde à la baguette et que vous connaissez si bien :

« Réponds, tête en l'air ! »

Au bout du fil, j'ai entendu une voix angoissée :

« Allô ? Tito ?

– Qui est à l'appareil ?

– Quelle question, espèce d'abruti ! Vite, passe-moi ta mère !

– Mamaaaaan ! Papa veut te parler !

– Dépêchez-vous, bande de cons, dépêchez-vous ! »

Maman s'est essuyé les mains sur son tablier, puis elle m'a arraché le combiné. Je me suis remis à regarder *Batman*.

1. *Batman*, série télévisée américaine des années 60, est très populaire en Argentine.

« Attends une seconde, je ne t'entends pas bien... Tito, éteins cette putain de télé ! »

J'ai attrapé la télécommande et, au lieu d'éteindre, j'ai coupé le son. Sur l'écran, les lèvres de Catwoman bougeaient, et la voix de maman résonnait derrière ma nuque :

« Qu'est-ce que tu dis ?... C'est pas vrai... C'est pas possible... Aïe, Lucho, tu te fourres toujours dans des histoires incroyables... Oui, j'imagine... Ça va, je vais voir ce que je peux faire et je te rappelle. »

Maman m'a résumé la situation en hurlant : papa, qui avait emmené les moutons à la montagne, s'était fait attaquer par un puma venu des sommets. Capitaine, son chien berger, avait eu tellement peur qu'il avait décampé, et papa n'avait rien pu faire d'autre que grimper sur un arbre et regarder le puma dévorer ses moutons.

Vous vous rendez compte ! Il fallait aller le délivrer, et vite, si on ne voulait pas que le puma le bouffe ! Pendant qu'elle rangeait les assiettes dans le garde-manger, maman n'arrêtait pas de répéter qu'il fallait faire quelque chose, et tout de suite.

J'avais monté le son de la télé pour écouter Robin qui lisait, à voix haute, une lettre anonyme écrite avec des mots découpés dans un journal. Les phrases étaient énigmatiques et Robin donnait son avis à Batman. Mais le téléphone s'est remis à sonner, et j'ai hésité avant de décrocher. Papa voulait savoir si on avait décidé quelque chose.

« Ne t'inquiète pas, on se met en route tout de suite.

– Magnez-vous un peu le train, ce minet s'en donne à cœur joie.

– Tant qu'il lui restera des moutons, toi, tu n'as rien à craindre.

– Ouais, mais qu'est-ce que je fais s'il grimpe ?

– Qu'est-ce que tu racontes ? Tu deviens parano... C'est un puma ou un chimpanzé ?

– Il n'a absolument rien d'un chimpanzé.

– C'est toi, vieux, qui voulais être berger, tu connaissais les risques du métier, alors boucle-la !

– Garde tes sermons pour quelqu'un d'autre, sale morveux ! N'oublie pas que je suis ton père !

– N'empêche que c'est toi qui l'as cherché !

– Et merde ! En tout cas, dépêchez-vous de faire quelque chose ! Les oiseaux commencent à me chier dessus dans ce putain d'arbre !

– Je t'appellerai dès que j'aurai des nouvelles. »

Maman avait interrompu le remplissage de la machine à laver.

« C'était encore ton père au téléphone ? Qu'est-ce que t'attends pour descendre au village chercher de l'aide ?

– Où veux-tu que j'aille ?... Il ne t'a rien dit, à toi ?

– Demande à ton frère de t'accompagner. »

J'étais vraiment en rogne, parce que j'avais rendez-vous avec Rosita, à la sortie de la nationale. Si je n'y allais pas, elle recommencerait avec son éternelle rengaine : je ne fais pas attention à elle, il y a une autre femme dans ma vie... Vous connaissez sa jalousie. Mais j'avais bien l'intention de voir la fin de *Batman*, et c'est seulement quand la pub a commencé que j'ai levé les fesses du canapé.

Tato était dans la piaule du fond en train de donner un cours de boxe à nos cousins les jumeaux. Ils étaient tous à poil, trempés de sueur, et j'ai ouvert la fenêtre pour aérer.

« Tato, j'ai besoin de toi. Papa est dans le pétrin. »

Il continuait à faire des feintes aux jumeaux, qui brandissaient leurs quatre petits bras pour se protéger. Il s'est mis à parler, la bouche à moitié cachée par son bras :

« Qu'est-ce qu'il a encore ?

– Un puma a attaqué le troupeau, il m'a appelé pour...

– Qu'est-ce que tu veux que j'y fasse ?

– J'en sais rien, il faut chercher de l'aide.

– Où qu'il est ?

– Dans les montagnes, il a appelé de son portable... »

Tato baissa la garde et me regarda d'un air féroce, les cils brillants de sueur.

« Avec ou sans portable, le boulot de berger c'est de la merde, mais ce n'est pas de ma faute, tu sais, c'est vraiment pas de ma faute. »

À chaque phrase qu'il prononçait, il se frappait la poitrine avec le poing et son corps résonnait sous le gant. En sautillant, il m'a lancé quelques directs qui m'ont frôlé les joues. Moi, je lui ai dit d'arrêter, mais comme il ne m'écoutait pas, il a fallu que je les lui rende. Les jumeaux s'agrippaient à nos pantalons et l'un d'eux a pris un coup perdu.

La porte s'est ouverte et notre petite cousine Chela est entrée. Elle a accroché son sac d'écolière sur un clou, à côté de son petit tablier, puis elle est allée s'asseoir sur un petit banc et elle a dit :

« Salut, Tito. Salut, Tato. »

Mon frère, qui la regardait avec un sourire attendri, a laissé tomber ses gants.

« Tu vois bien que je ne peux pas y aller, j'ai promis à tantine de m'occuper d'elle. Tu sais bien que Chela ne s'est pas encore remise de son entrée en maternelle.

– D'accord, d'accord, ça va, je m'occuperai du vieux. »

Je suis parti, pendant que Tato mettait les gants à Chela et l'aidait à se placer en position de défense. Elle se laissait faire, comme une de ces poupées en plastique avec des ressorts à l'intérieur.

« Leçon numéro onze : l'uppercut. »

J'ai donc pris les clefs de la voiture sans demander la permission à qui que ce soit. J'étais déjà dans le garage et je faisais chauffer le moteur de la Ford Falcon quand maman est apparue. Je la voyais, la bouche grande ouverte, et j'ai baissé la vitre parce qu'avec le bruit du moteur on n'entendait rien du tout.

« Je t'ai eu, petit salopard. J'étais aux waters et j'ai entendu le bruit des clefs quand tu les as prises. Descends immédiatement de la bagnole !

– Mais, maman...

– Y a pas de maman qui vaille ! Tant que tu n'auras pas ton permis, tu ne toucheras pas à ce volant.

– T'es con ou quoi ? Tu te rends pas compte que c'est une urgence !

– Ne me parle pas sur ce ton ! Tu m'entends ? Et descends de là ou je vais chercher la ceinture que ton père m'a laissée ! »

Vous ne pouvez pas vous imaginer ma haine lorsque je me suis résigné à éteindre le moteur. Je suis descendu de la voiture en claquant la portière. Maman a passé le bras par la vitre entrouverte, les clefs sont restées bloquées, et pendant qu'elle criait : « Putain de clefs ! », moi je pensais : « C'est bien fait ! »

J'ai dû gonfler les pneus de la bicyclette avec l'air de mes poumons, ajuster la selle et redresser le guidon. J'ai remonté mes chaussettes, j'ai resserré la ceinture de mon bermuda et je suis parti. Vous vous souvenez que le chemin qui va de chez moi au village est en pente, je n'ai donc presque pas eu besoin de pédaler. Pour m'amuser, je donnais des coups de klaxon. Les chiens me couraient après en aboyant, et les chats, paniqués, sautaient sur les toits. Une vieille qui faisait la sieste m'a insulté, et, en me retournant pour lui répondre, j'ai raté un virage et j'ai failli m'écraser contre un poulailler.

À l'entrée du village, j'ai croisé Cholo, le patron de la quincaillerie à côté de l'église. Il m'arrivait droit dessus avec sa camionnette mais, au lieu de l'esquiver, je lui ai barré le passage en faisant des signes comme un sourd-muet qui se noie. Il a freiné quelques mètres plus loin, avec un magnifique dérapage. Sans descendre du vélo, je lui ai expliqué avec toute sorte de détails dans quel pétrin mon père s'était fourré, puis je lui ai demandé de m'aider. Il m'a adressé un sourire méprisant, sans décoller les mains du volant ni le pied de l'embrayage.

« Alors comme ça, maintenant c'est pour de vrai, hein ? Ben, il peut toujours courir, moi je ne bougerai pas le petit doigt.

– Mais, Cholo, tu es pourtant son ami... Qui est-ce que je vais pouvoir trouver à cette heure-ci ? Ils sont tous en train de faire la sieste...

– Ne compte pas sur moi. Tu veux savoir pourquoi ? Je suis sûr que ton père ne t'a jamais parlé de cette histoire, il aurait eu trop honte. Mets-toi à l'aise, que je te raconte. »

Je m'étais accoudé au châssis de la camionnette et Cholo avait éteint le moteur.

« Tu ne peux pas savoir ce que ton salaud de père nous faisait endurer quand on était mômes. Chaque fois qu'on se mettait à jouer au foot, il voulait se joindre à nous. Il nous cassait tellement les pieds que, même si on savait ce qui nous attendait, on finissait par accepter. Vu qu'il était nul, on le faisait jouer comme gardien de but. Et quand quelqu'un donnait un coup de pied trop fort au ballon et l'envoyait hors du terrain, lui, il voulait à tout prix aller le chercher et il partait à toute berzingue en sautant par-dessus les murets. Tu es sûr que Lucho ne vous a jamais raconté ça ?

– Pas que je me souvienne, non.

– Ce sacré fils de pute, avec tout le respect que je dois à ta grand-mère, ne revenait pas, il se cachait avec le ballon et on l'entendait crier : “ Au secours ! Aidez-moi ! ” et comme ça, jusqu'à ce qu'on aille le chercher.

– Et qu'est-ce qu'il disait quand vous le trouviez ?

– Quand on avait cinq ou six ans, il disait que le grand méchant loup avait voulu le manger. Plus tard, il nous racontait une histoire de clodos. Puis, au lycée, il nous donnait une version plus réaliste : il accusait les flics. Ça a duré pendant toute notre enfance. À un moment donné, on en avait tellement marre que, dès qu'il s'approchait du terrain de foot, on le foutait dehors à coups de pied au cul. Mais lui, il revenait et nous regardait d'un air de chien battu, alors on finissait toujours par lui donner un but. Cette histoire a duré jusqu'au moment de son départ au service militaire. Il a dû vous parler de son service, non ?

– Des milliers de fois.

– En fait, à son retour, il ne nous a plus jamais fait le coup. Il a dû drôlement en baver à la caserne. Il faut dire qu'à cette époque, des matchs, on n'en faisait plus souvent, on passait plutôt notre temps à draguer les gonzesses. Mais moi, je suis plutôt du style rancunier, tu vois. Alors, il peut toujours crier, pleurer, taper du pied en demandant de l'aide, à cause d'un puma ou d'autre chose, qu'il aille se faire voir ! »

Il accompagna ces dernières paroles d'un bras d'honneur et il démarra sans prévenir. Comme j'étais adossé à sa camionnette, je me suis étalé de tout mon long sur la chaussée. J'avais des égratignures aux coudes et aux genoux, que j'ai dû nettoyer avec ma propre salive.

Mes blessures me faisaient drôlement mal, mais j'ai quand même pédalé sur les six cents mètres qui me séparaient de la caserne de pompiers. J'ai laissé mon vélo contre l'énorme camion rouge et je suis entré dans la cour pavée. J'ai appelé plusieurs fois, mais personne n'est sorti. Comme j'entendais des voix à travers une porte ouverte, j'y suis allé. Il y avait deux pompiers qui buvaient du maté[2].

« Putain de con, tu ne m'avais pas dit que la bouilloire était chaude, je me suis brûlé le bout des doigts. Regarde, ils sont devenus tout rouges !

– T'aurais dû t'en douter, il y a longtemps que je l'avais mise à chauffer.

– Ouais, mais t'as bien vu que j'allais la prendre et tu n'as rien dit ! »

Il se plaignait, brandissait une main en l'air et, de l'autre, séchait les grosses larmes qui lui coulaient sur les joues. Moi, j'ai toussé et craché par terre.

« D'où il sort celui-là ? »

Je leur ai dit poliment bonjour et leur ai exposé mon problème. Ils m'ont écouté sans m'interrompre, échangeant des regards complices chaque fois qu'ils se passaient le maté. Finalement, ils m'en ont offert un et, pendant que je buvais, ils m'ont dit :

« Je ne vois pas très bien ce que nous, on pourrait faire... C'est un incendie ? Non. Une catastrophe naturelle ? Non plus. Alors...

2. Infusion de feuilles de maté (variété de houx), arbre qui pousse en Amérique latine. C'est une plante aux vertus stimulantes (les *gauchos* en buvaient afin de pouvoir garder leurs troupeaux des nuits entières). On le boit dans un petit récipient à l'aide d'une paille de métal. On consomme souvent le maté en groupe : il circule entre les convives dans le sens des aiguilles d'une montre et tout le monde boit à la même paille.

– Si encore ton père avait allumé un feu et que le puma l'empêchait de descendre l'éteindre, mais tel que tu présentes l'affaire...

– Ce n'est pas de votre ressort de sauver les gens en situation désespérée ?

– Tu l'as bien dit : “ les gens ”, des cas collectifs et non des individus isolés, et encore moins des animaux.

– D'autre part, on est formés pour agir en milieu urbain. À la montagne, on serait complètement paumés.

– En deux mots, il nous manque la préparation psychologique nécessaire.

– Justement, ce serait une bonne occasion pour acquérir de l'expérience et enrichir votre C.V. En plus, vous ne risquez rien.

– Ça, c'est toi qui le dis. Et si on finissait, nous aussi, dans la gueule du puma ? »

Ils ont pouffé de rire, sans doute pour dissimuler leur peur. Celui qui mâchouillait la paille du maté a failli s'étrangler. L'un a dit : « Tu t'imagines ? » et l'autre a renchéri : « Je ne veux même pas y penser. »

Indigné, j'ai rendu le maté à l'un des pompiers sans même les remercier, et je leur ai demandé si je pouvais téléphoner. Sans cesser de rire, ils m'ont indiqué un bureau verni, et j'ai appelé papa mais la ligne était occupée. J'ai insisté jusqu'à établir la communication et je lui ai demandé si, par hasard, il n'avait pas laissé un feu allumé.

« Non, mais ça va bientôt péter le feu ici, si tu ne fais pas quelque chose tout de suite.

– T'as la trouille ?

– Boucle-la...

– Le puma, il s'est un peu calmé ?

– Il s'est allongé sur le dos pour faire une sieste. C'est normal, avec le gueuleton qu'il s'est envoyé. T'entends ses ronflements ?

– Pas très bien.

– Il doit être en train de rêver, il parle tout seul.

– Qu'est-ce qu'il dit ?

– Je crois qu'il chante un tango : *Avec ta dégaine de petite bourgeoise, tu es venue réchauffer ma tanière...* Qu'est-ce que je vais faire s'il se réveille ? Il ne reste qu'un seul mouton en vie et il est tellement bouleversé après le carnage qu'il est là, figé comme un idiot, à attendre d'être bouffé sans se défendre...

– C'est lequel ?

– Griselda... Alors, t'as trouvé de l'aide ? C'est quoi ces rires ? »

Il a fallu que je lui explique la réaction des pompiers. Puis je lui ai raconté ma rencontre avec Cholo, et je l'ai entendu dire à voix basse : « Quel salaud ! » J'ai raccroché, tandis que les pompiers, qui s'étaient calmés, me regardaient en soupirant et en se passant la main sur la figure.

« Il n'a pas allumé de feu.

– Alors qu'il se débrouille tout seul ! Mets-toi bien ça dans la tête : on est des pompiers bénévoles ! Bé-né-voles ! »

Ils se sont assis sur un canapé pour continuer à boire du maté, et moi, je suis parti sans dire au revoir. J'ai appelé maman d'une cabine. Après m'avoir engueulé comme du poisson pourri et traité de bon à rien, elle m'a envoyé au premier endroit où, selon elle, j'aurais dû aller : au commissariat. J'ai pédalé trois cents mètres en montée et je suis arrivé en tirant la langue. Le commissaire bouquinait dans son bureau. Il a rangé la B.D. qu'il était en train de lire dans un tiroir, a enlevé ses pieds de la table et s'est gratté le nez. Il n'a pas eu l'air de s'alarmer : ce que nous considérons comme des événements exceptionnels relève, pour des gens comme lui, des affaires courantes.

« Je ne vois pas où est le crime là-dedans, explique-moi où est ce sacré crime. Ce puma a dévoré tous les moutons de ton paternel et, en dernière instance, il va le bouffer lui aussi, jusque-là tout va bien et je comprends ton inquiétude. Mais il faut que tu saches qu'un puma ne peut pas être considéré comme un criminel. De par sa condition d'animal, il n'a pas de statut juridique, à moins qu'il n'ait été envoyé par quelqu'un.

Dans ce cas, il faudrait d'abord vérifier qui se cache derrière et pour qui il travaille.

– J'ai plutôt l'impression qu'il agit pour son propre compte.

– Nous y voilà. Sans criminel, il n'y a pas de crime, et dans ce cas, nous, on ne peut absolument rien faire, ce serait anticonstitutionnel.

– Même s'il s'agit d'une question de vie ou de mort ?

– Tu sais, il y a quelques années, un Italien a essayé d'élaborer une théorie sur la criminologie animale, avec des fondements philosophiques et tout et tout, mais personne ne lui a prêté la moindre attention. »

Quand je suis parti, il continuait à parler tout seul. J'ai pédalé jusqu'au bar de don Pichi. J'ai commandé un verre de vin blanc, un jeton, et je me suis accoudé au comptoir. J'étais fatigué et, très franchement, je commençais à me résigner. J'ai bu mon verre de vin et je suis allé jusqu'au téléphone pour appeler papa. J'ai senti, à sa voix, qu'il était vraiment dans la merde.

« Il s'est réveillé ! Il est en train de manger Griselda ! Faites quelque chose !

– Essaye de négocier, parle-lui, dis-lui qu'on est prêts à payer une rançon.

– Je lui parle, mais il s'en fout. J'ai essayé de lui faire croire que des chasseurs allaient arriver et il m'a répondu, la bouche pleine : “ Tu crois que je vais gober tes salades ? ”

– Qu'est-ce que tu veux ? T'es incapable de mentir, tu ne pourrais même pas pigeonner un gosse. »

Je me suis mis à observer les visages des clients autour de moi, en essayant de repérer ceux qui pouvaient m'être familiers. J'ai reconnu un petit gros, un chauve et un barbu qui passent leurs après-midi à refaire le monde. J'ai raccroché et j'ai dit à voix haute :

« Excusez-moi, messieurs. Quelqu'un parmi vous saurait-il se battre contre un puma ? »

Un petit vieux qui portait un béret et un dentier m'a adressé un rire présomptueux.

« Parle-moi de pumas ! À moi ! Apprends que je suis arrivé ici à l'âge de vingt ans, juste à la fin de la guerre, les mains vides, tout droit d'Italie... »

Il a commencé à raconter une histoire à n'en plus finir et certainement sans intérêt. Du coup, je suis allé vers le comptoir pour expliquer mon problème à don Pichi, mais il a posé un doigt sur ses lèvres et m'a dit à voix basse :

« Tais-toi. Le gars qui parle n'a rien d'un con. »

Doucement et sans faire de bruit, j'ai pris le chemin de la porte. Les autres étaient tellement captivés par le récit du vieux qu'ils n'ont même pas remarqué que je me tirais. Je me suis assis sur le bord du trottoir, je ne savais pas où aller. C'est alors que par hasard, ou peut-être par chance, l'ambulance du dispensaire est apparue au coin de la rue. Elle roulait à toute allure, je me suis posté au milieu de la chaussée en agitant les bras, et le pare-chocs de l'ambulance s'est immobilisé à trois centimètres de mes genoux égratignés.

« C'est une urgence ! Une urgence ! »

Sans attendre l'autorisation de l'infirmier, un cinglé dont je ne me rappelle même plus le nom, je suis monté dans l'ambulance.

« Ça va pas la tête ? J'ai failli t'écraser !

– Démarrez, je vous indiquerai le chemin à suivre.

– Dis-moi d'abord où on va.

– Près d'ici, dans les montagnes.

– Ah, non ! Je peux pas, je suis trop pressé. T'as pas vu que je venais à toute pompe ? »

J'ai dû recourir à la violence : j'ai sorti un canif de ma poche et je l'ai mis sur sa carotide. Il ouvrait grand les yeux.

« Ça va, petit gars, calme-toi, je t'emmène.

– Y a intérêt ! »

Nous sommes d'abord passés chez moi. Je tenais à ce que Tato vienne avec nous, je ne voulais pas qu'il rate la balade. Dès qu'elle m'a vu entrer, maman, les cheveux ébouriffés, s'est mise à hurler :

« Ton père a rappelé ! Le puma a mangé

Griselda et il essaie de grimper à l'arbre ! »

J'ai fait monter maman dans l'ambulance par la portière arrière. On a klaxonné et Tato est apparu avec nos petits cousins qui, pour faire plus vite, n'avaient même pas enlevé leurs gants. Ils sont tous montés derrière, avec maman. L'infirmier a mis la sirène au maximum et on a démarré illico. Vous vous souvenez quand vous nous avez vus passer ? Quel barouf !

À travers des chemins sinueux qui faisaient chanter des tangos aux amortisseurs, et des montées et des descentes qui faisaient sa fête au moteur, on est arrivés à l'endroit où, selon nos calculs, papa devait se trouver. On a garé l'ambulance, et on s'est dispersés pour le chercher.

Tato a été le premier à voir les peaux de brebis souillées de sang, éparpillées dans une clairière. Le téléphone portable, suspendu à une branche, valsait au gré du vent. Moi, j'ai pris le collier de Griselda, qui était resté accroché aux chardons. Papa, Capitaine, le puma avaient disparu. La résignation, le manque d'enthousiasme et l'ennui nous gagnaient peu à peu. Maman criait :

« Luchooooo ! »

Mais seul l'écho répondait. Enfin, fatigués de chercher, nous avons décidé de faire demi-tour. En plus, la nuit tombait, et moi, dans tout ça, je ne me rappelais plus où j'avais laissé mon putain de vélo.

Le secret

Il avait sept ans et il était en cours élémentaire lorsque la chose se manifesta pour la première fois. Au petit déjeuner, sa mère l'avait obligé à prendre une infusion de maté[1] froid, parce qu'ils étaient à court de gaz. Plus tard, dans la salle de classe, il avait senti flotter dans son ventre les morceaux de biscottes beurrées. L'institutrice, assise à son bureau le dos contre l'horizon obscur du tableau, leur avait donné des problèmes d'arithmétique à résoudre. Comme les autres enfants, il avait le nez plongé dans son cahier quand elle lui fit signe de s'approcher. Il était sûr de lui : seul sur son banc, il avait trouvé la solution du problème en un rien de temps mais, en marchant vers le tableau noir, il en avait froid dans le dos et un pressentiment le rongeait. Au moment où il allait prendre la craie, la chose lui échappa. C'était comme si une anguille sortait de ses entrailles et, au contact de l'air, prenait la forme d'un gigantesque boa constricteur avalant la salle de classe

1. Voir la note p. 50.

tout entière. La chose se fraya un chemin, ou plutôt elle dévora le chemin qui la séparait de l'institutrice. Celle-ci, enfoncée dans son bureau à corriger des copies, leva la tête, laissa tomber le stylo à bille rouge, se boucha le nez comme si soudain elle regrettait de l'avoir au milieu de la figure et demanda, avec la voix nasillarde de celui qui fait une blague au téléphone, qui était le coupable. Personne n'ouvrit la bouche, sauf pour respirer, car tous se bouchaient le nez, et dans la pièce il y eut une lutte sourde entre le silence de mort et l'odeur nauséabonde. L'institutrice répéta la question, menaça de punir toute la classe, ouvrit les fenêtres d'un coup de pied, mais comme personne ne soufflait mot, elle appela la directrice pour constater le délit et celle-ci, une main sur le nez et l'autre sur l'épaule de l'institutrice, se fit l'écho de ses menaces. Certains de ses camarades vomirent, d'autres, ceux qui tenaient à tout prix à se faire bien voir et à être les premiers de la classe, s'évanouirent à force de retenir leur respiration. Enfin, la concierge arriva avec les pompiers qui firent évacuer la salle. Le lendemain, les élèves furent convoqués avec leurs parents, mais nul ne s'avoua coupable et la directrice distribua des avertissements à toute la classe. Lui, il ne dit rien.

•

Le secret

Encore adolescent, il rencontra celle qui allait devenir sa première fiancée. Il était parvenu à la séduire à force de poèmes plagiés, lui avait donné maints rendez-vous, avait eu avec elle des rencontres intimes, sans que la chose se manifestât à nouveau. Le jour où la jeune fille eut quinze ans[2], sa famille célébra son anniversaire dans la salle des fêtes du village. Sa fiancée était blonde, fille d'un éminent oculiste et l'un des meilleurs partis en vue. Toute la haute société était invitée. À table, il occupait une place d'honneur, entre ses parents et elle. Pendant le repas, les mets se succédèrent, œuvres du meilleur cuisinier de la région. Il les goûta avec crainte. Obligé de donner une image extérieure de fils de bonne famille sûr de lui, il réprimait l'inquiétude qui grandissait en son for intérieur à mesure qu'il mangeait. Le moment de la valse arriva, l'inévitable étape du rite de passation symbolique au sein d'un rituel plus grand : celui de la fête. Sa fiancée dansait avec son père le docteur. Au rythme de la valse, il sentit la chose se manifester, impitoyable, comme si elle aussi faisait partie d'un rite ancestral. Lorsque le père lui fit signe qu'il lui cédait sa fille, sa pâleur n'était pas due à l'émotion. Ils firent les premiers pas, un deux trois, la main chaude nichée dans la main froide,

2. *La fiesta de quince* est une grande fête donnée par la famille d'une jeune fille à l'occasion de ses quinze ans. Cette cérémonie marque son entrée dans l'âge adulte. Elle revêt un caractère solennel.

un deux trois, pris de panique, il pensa à des abstractions : la partition de Strauss, la longueur et le débit du Danube, un deux trois, l'éventail de bleus qu'offre le vaste monde et les noms qui leur sont attribués, un deux trois. La chose sortit sans bruit, invisible, à la conquête de la salle des fêtes et, comme une vague, elle repoussa les invités vers les portes, les fenêtres, les lucarnes, tout ce qui pouvait contenir la moindre idée d'air pur, le plus infime gramme d'ailleurs. Sa promise dansait dans ses bras comme une marionnette désarticulée, ruisselante de sueur froide, terrifiée par son sourire figé, jusqu'au moment où, réalisant ce qui se passait, elle s'évanouit. Le lendemain, elle lui renvoya sa bague de fiançailles écrasée d'un coup de marteau. Il lui fut impossible de l'oublier et, des années plus tard, pendant ses nuits de solitude, il pensait encore à elle, son premier amour, le rêve brisé de son adolescence, la fille de l'oculiste qu'il ne revit plus jamais.

•

Il finit néanmoins par se consoler avec une autre fiancée, fille du doyen de la faculté de droit dans laquelle il étudiait. Il l'épousa dès qu'il eut terminé ses études. La fête, grandiose, eut lieu sous un chapiteau de cirque, en été, comme tous les mariages de riches. Des extra en tenue jonglaient avec des plateaux en argent. Sous le chapiteau, l'air était chaud. Il ingurgitait toutes sortes d'apéritifs et il sentait, épouvanté, grossir son ventre, enfler sa chemise, les boutons prêts à éclater. Il implora à voix basse les serveurs de ne plus lui apporter de boissons, ni d'olives, ni de petits fours, mais tous les invités faisaient la queue pour le féliciter et pour trinquer avec lui, et il y en avait toujours un pour évoquer la vérité immuable qui défend de prendre de l'alcool avec le ventre vide. Et la chose se répandit autour de lui, silencieuse, en foudroyant les convives. Ceux qui surent réagir à temps, les obèses, habitués à ce genre d'ennui, et les femmes des obèses, dont l'odorat était entraîné, sortirent du chapiteau sur-le-champ. Quelques pépés moururent étouffés, et les survivants se rejetèrent mutuellement la faute. Les parents des fiancés s'accusaient réciproquement. Les familles enterrèrent les pépés dans des cimetières différents, elles se brouillèrent à jamais, et lui et sa femme se virent contraints de quitter la ville pour vivre en paix. Tout ceci à cause d'un vent mauvais que jamais il ne confessa.

•

Il s'installa avec sa femme dans la capitale, où il exerça sa profession d'avocat. Avec la ténacité dont il fit preuve tout au long de sa vie, – sauf aux moments dont il est question ici, – il se lança dans la politique et défendit chaque fois le meilleur candidat : celui qui gagnait les élections. Il réussit même à se faire nommer secrétaire à la Culture, et sa première grande œuvre fut la création d'un festival international de cinéma. Ses entretiens avec les producteurs influents furent un succès : il convoqua les plus grands réalisateurs, réunit un éventail de films qui allaient du navet le plus expérimental au drame le plus commercial. On le vit inaugurer le festival, en montant des marches tapissées de rouge, au bras de la star Stella Maris. Mais l'escalier était trop haut, la star, taquine, lui pinçait le smoking, les flashs l'aveuglaient et la foule qui les entourait transpirait. Stella Maris trébucha, mais ce ne fut pas, comme elle le déclara plus tard, à cause des talons hauts ni de la robe trop étroite : ce fut poussée par le vent invisible qui s'échappa du corps de son chevalier servant. Elle courut s'adosser à une colonne en carton-pâte qui s'écroula, et elle vomit le caviar et le champagne qu'ils avaient ingurgités ensemble la nuit précédente dans la suite d'un hôtel cinq étoiles. Les paparazzi furent sans pitié : l'image de la star effondrée, près de la colonne qui s'incline, le décolleté ouvert, les seins découverts jusqu'aux mamelons, et, derrière elle, le secrétaire à la Culture, pâle et impassible, fit le tour du monde. Stella Maris, au bord de la crise de nerfs, ayant eu recours à quelque mystérieux subterfuge, obtint l'appui des producteurs influents – ce qui marqua la clôture du festival. Les images qui firent la une des revues, des journaux et des programmes de télévision montraient tout sauf l'invisible, l'inavouable : ce dont jamais il ne parlait.

•

Malgré cet incident et, grâce à sa participation à d'obscures associations occultes, sa carrière politique évolua de façon brillante. Il devint ministre puis ambassadeur et fut finalement intronisé Secrétaire général de l'O.N.U. Durant l'année qui suivit son investiture, tous les conflits du globe s'étaient arrêtés : il avait fait signer des alliances aux plus rancuniers, il avait calmé les plus belliqueux à coups de téléphone et négocié *in extremis* le dernier *ultimatum*. La veille de l'anniversaire de sa nomination, il passa une nuit blanche à noircir des pages pour son discours, tout en avalant des litres de café au lait. Et, à l'aube, quand les rayons du soleil commencèrent à gratter le ciel de New York, il planta la plume de son stylo sur le point final. Plus tard, devant la salle pleine de l'assemblée générale, il prit le micro par le bout et lut les première lignes de son discours sans percevoir de mauvais présage. Mais, une fois de plus, la tempête n'était pas au-dehors mais au-dedans, dans son for intérieur : les cumulus de café se formèrent petit à petit pour rentrer en collision avec les nimbus de lait et lancer des foudres qui perçaient son estomac. Craignant le pire, il accéléra sa lecture, provoquant la panique parmi les interprètes qui n'avaient pas le temps de traduire toutes les pointes de son allocution et se plaignirent de ne pas être assez payés pour traduire aussi vite. Il y eut des malentendus : certains représentants prirent les pointes pour des piques et commencèrent à se regarder de travers. Ses craintes à lui avaient un fondement : une odeur très particulière se répandit dans l'assemblée. Les ambassadeurs se lançaient des regards réprobateurs, propageant des rumeurs, s'accusant mutuellement de l'agression olfactive dont ils étaient victimes et, malgré la solennité de la cérémonie, ils sortirent en catastrophe pour se précipiter sur les quais de l'Hudson et vomir violemment. À mesure qu'ils reprenaient leurs esprits, ils commençaient à polémiquer de façon anarchique, pendant que lui quittait les devants de la scène sur la pointe des pieds. Et, si la guerre éclata à nouveau en plusieurs points du globe, si l'équilibre fragile du monde se brisa jusqu'à Dieu sait quand, tout cela fut à cause de lui, ou plutôt à cause de la sécrétion qu'il ne put retenir, de la force impalpable qu'il abrita sans jamais le confesser. Que dans ces pages, aujourd'hui même, le secret qu'il a toujours gardé soit révélé au grand jour.

La séparation

Par un matin splendide qui annonçait le printemps, un facteur parcourait en bicyclette les rues d'un quartier résidentiel. Il pédalait doucement, pour mieux digérer son petit déjeuner et profiter de l'air frais et blond de soleil. Avant de les distribuer, il prenait le temps de sentir les lettres, une à une, du bout des doigts. Son humeur était au beau fixe lorsqu'il arriva devant un chalet dont la boîte aux lettres portait l'inscription : *Famille Cinquedoigt.*

Il posa sa bicyclette contre le petit muret du jardin, avec le calme d'un homme inconscient du danger qu'il encourt. La bicyclette tomba sur le trottoir en faisant un sinistre bruit de ferraille et il la releva. Il ouvrit le sac en peau de vachette, qui était comme un prolongement de sa peau d'homme, et chercha les lettres adressées à la famille Cinquedoigt. Il y en avait cinq : il le sut d'un coup d'œil professionnel, sans avoir besoin de les compter. Et, quand il les glissa dans la boîte en s'aidant de la main gauche, il perçut une tache mobile qui lui saisit la main à travers la fente.

La chose lui avait attrapé quatre doigts : le pouce et la paume étaient sains et saufs pour le moment. Il se défendit en tirant instinctivement, puis en y mettant toute sa volonté, mais n'arriva pas à se dégager. Son visage se décomposa, d'abord à cause de l'effort et ensuite de l'affolement, lorsqu'il se rendit compte que ses forces ne lui suffisaient pas. Se tenant à la boîte aux lettres avec son bras libre, cloué au sol, les jambes écartées, il tira en arrière de tous les muscles de son corps. Une douleur pénétrante lui mordit le poignet, ses jambes tremblèrent, le souffle lui manqua pour continuer à tirer, et il se retrouva brusquement assis sur le trottoir, avec une main en moins.

Il poussa un hurlement désespéré en regardant son moignon avec des yeux exorbités. L'une des persiennes de la maison s'ouvrit, et il vit pointer cinq petites têtes. M. Cinquedoigt apparut sur le pas de la porte principale et, en quelques enjambées, se posta devant le facteur.

« Vous avez mal ?

– D'après vous ?

– Où ça ? Montrez.

– Elle me l'a arrachée, vous ne voyez pas !

– Qui ça, bon sang ?

– Votre saloperie de boîte aux lettres ! Elle l'a avalée ! »

Mme Cinquedoigt était arrivée auprès d'eux, suivie de ses cinq enfants : le Poucet, l'Indien, le Majeur, l'Angulaire et le Petiot. Ils partageaient tous la surprise du père, qui disait :

« Comment ça, la boîte aux lettres ?... Faites-moi voir votre blessure... Ça vous fait encore mal ?... Donnez-moi un coup de main, les enfants, on va l'emmener à l'intérieur. Prenez-le chacun par une extrémité, à la une, à la deux, à la trois ! »

Ils le portèrent à travers le jardin, jusque dans la maison, pour l'installer dans le salon, sur le canapé le plus confortable, en toile orange, immense et moelleux. Le facteur réussit enfin à se détendre. Comme la douleur diminuait, il récupéra petit à petit son expression habituelle.

« Racontez-moi en détail. C'est quoi cette histoire de main et de boîte aux lettres ?

– Quand j'ai voulu mettre le courrier dedans, elle me l'a arrachée. Elle n'y est pas allée de main morte... La chose était au fond, elle s'est accrochée à mes doigts...

– Je vois... La main gauche... La gauche ! Tu te rends compte, chérie ? Ne bougez pas, je reviens tout de suite. »

Il sortit en direction du jardin et la maîtresse de maison demanda au facteur :

1. Voir la note p. 50.

« Désirez-vous un petit café, un thé, du maté [1]... ?

– Vous n'auriez pas quelque chose de fort ?

– Du genièvre ?

– Si vous en avez sous la main... »

Le facteur s'installa à son aise dans le canapé, comme s'il se préparait à rester très longtemps. Il entendit le père gronder les enfants qui se bousculaient pour grimper sur sa bicyclette et, aussitôt après, le coup qu'il donnait à la boîte aux lettres avec la jointure des doigts.

« Montre-toi ! Je sais que tu es là, ne fais pas celui qui n'entend pas ! »

Il y eut un silence.

« Manuel, ne joue pas avec moi. Je sais que c'est toi qui as fait le coup. Si tu ne sors pas tout de suite, je vais te flanquer une raclée ! »

De retour au salon, M. Cinquedoigt envoya sa femme chercher la clef de la boîte aux lettres, et, au facteur qui noyait sa peine dans le genièvre, il lui dit :

« Laissez-moi vous expliquer, mon vieux. Il vous manque la main gauche et moi, je crois savoir qui est le responsable. »

Il regarda le jardin par la fenêtre et il approcha une chaise. Son visage se contracta quelques secondes, puis se détendit, pour laisser apparaître un sourire de tendresse.

« Voilà. Il se trouve que Manuel, une main droite qu'on a élevée depuis qu'elle était toute petite, habite ici, avec nous. Croyez-moi, jamais il ne nous a causé de problèmes majeurs. Mais, depuis un certain temps, il nous fait drôlement enrager. Il est un peu bizarre, il fait des caprices pour n'importe quoi, refuse de manger... »

Il s'approcha comme pour lui faire une confidence et dit :

« Il faut le comprendre... Le pauvre, c'est l'âge... Il est encore puceau.

– J'en ai rien à foutre ! Vous m'entendez ? Rien ! Si vous ne me rendez pas ma main tout de suite, j'appelle les flics ! Vous réglerez ça avec eux !

– Ne vous énervez pas, je vous promets que ça va s'arranger en moins de deux... »

Il se tut en voyant sa femme, qui avait une expression d'angoisse sur le visage.

« J'ai parcouru la maison de haut en bas et de bas en haut, j'ai vidé tous les tiroirs, mais je n'ai pas trouvé la clef.

– Bon sang de bonsoir ! »

M. Cinquedoigt l'entraîna dans un coin pour lui parler à voix basse, mais le facteur, qui dressait l'oreille, comprit ce qu'il disait :

« Rends-moi un service. Va lui parler, peut-être qu'il t'écoutera, toi. Dis-lui que, s'il arrête ses conneries, on lui achètera un nouveau yo-yo, celui de la pub à la télé. »

L'homme se retourna vers le facteur, un grand sourire plaqué sur le visage.

« Ma femme va tout arranger. Ne paniquez pas, elle saura comment s'y prendre. »

À travers la fenêtre ouverte, on entendit la voix maternelle de la femme :

« Mon petit Manuel, sois gentil, sors de là. C'est toi qui as la main du monsieur ? Si tu la lui rends, on ne te punira pas, au contraire, on va t'offrir... devine quoi ? »

Après un long silence, le facteur identifia le bruit d'une enveloppe qu'on déchire, puis un cri d'angoisse. Flanquée des cinq gamins accrochés à sa jupe, la mère entra dans le salon. Elle apportait une lettre. Son mari la lui arracha des mains, demanda ses lunettes et lut à haute voix :

« J'ai en ma possession la main gauche du facteur. Si vous en doutez, je peux vous envoyer un ongle pour vous convaincre. Je vous la rendrai aujourd'hui même, plus vivante que jamais, si vous acceptez mes conditions.

« Je veux une rançon de mille dollars[2]*. Je vous conseille de les mettre sans tarder dans la boîte. Pour chaque heure qui passera, ma victime perdra un doigt. Plus vite vous vous bougerez les fesses, mieux ce sera pour tout le monde. Pigé ? »*

« Quel petit salopard ! »

2. En Amérique latine, le dollar est devenu une valeur courante à cause de l'instabilité des monnaies nationales.

Tout en utilisant la lettre pour éventer le facteur évanoui, M. Cinquedoigt faisait claquer sa langue. Les enfants voulaient à tout prix faire au facteur la fameuse respiration bouche à bouche qu'ils avaient vue à la télé, et le père dut distribuer des gifles pour les faire déguerpir.

Lorsque le facteur reprit connaissance, il cacha son visage derrière son avant-bras manchot et quelques larmes coulèrent sur ses joues. Le Poucet voulut le consoler comme il l'aurait fait avec son ours en peluche. Après deux ou trois câlins, il prit sa casquette et la lança du côté de l'Indien, qui ouvrit les bras pour l'attraper, mais le père l'intercepta au vol et flanqua à l'Indien un tel coup derrière la nuque qu'il l'étala sur le carrelage. Le facteur récupéra sa casquette, la mit de travers sur sa tête et cracha des insultes qui sortirent tout effilochées :

« Fisdepu ! Jvoutraînrautribunau ! Jvoufrairunprocé !...

– Je vous demande un tout petit peu de patience.

– D'où voulez-vous que je sorte mille dollars ?!

– Je vous les prêterai et tout s'arrangera en un clin d'œil.

– Vous allez voir, si vous ne me la rendez pas tout de suite...

– Va chercher le carnet de chèques qui est sur la commode de ma chambre ! »

Le Majeur, en silence, lui apporta son chéquier et un stylo. Ses frères attrapèrent les pieds de la petite table basse qui ne tenaient pas en place et M. Cinquedoigt signa un chèque de mille dollars, en chiffres très soignés et en lettres minuscules. On entendait voler une mouche, mais elle eut tellement honte qu'elle s'échappa par la fenêtre.

Ils sortirent dans le jardin. M. Cinquedoigt marchait en tête du cortège, et introduisit en personne le chèque dans la boîte aux lettres. Cloués à la pelouse, sans dire un mot ni faire un geste, ils attendirent. Enfin, ils virent apparaître un papier qui tournoya jusqu'à terre. C'était le chèque avec un message écrit au dos. M. Cinquedoigt le lut en articulant chaque syllabe :

« Vous pouvez vous le mettre là où je pense. Je veux des dollars en argent liquide, en billets de cent et de vingt. Et le plus vite possible, ou bien le carnage commence. »

M. Cinquedoigt insulta père et mère et déchira le message en petits morceaux. Sa femme lui apporta une petite pilule et un verre d'eau qu'il avala d'un trait, puis il alla au salon, fit un autre chèque et le tendit au Majeur.

« À la banque, ils te donneront du liquide. Dépêche-toi. »

Le gamin se posta sur le trottoir d'en face pour

attendre le bus qui se rendait au centre-ville, tandis que le facteur était une nouvelle fois conduit au canapé orange. Il avait l'air fiévreux, et la maîtresse de maison l'enveloppa dans une couverture.

Elle prépara une infusion de camomille et servit trois tasses. Ils burent en silence. Dans le jardin, le Petiot et l'Indien jouaient aux billes avec des boutons que le facteur identifia comme des répliques de ceux de son uniforme.

Le Majeur arriva avec une enveloppe marron pleine de billets.

« Le gérant m'a demandé de te dire bonjour de sa part. »

Le père lui arracha l'enveloppe des mains et compta trois fois l'argent, tout en blasphémant à voix basse.

« Ne bougez pas d'ici. »

Il se dirigea vers le jardin. Une minute passa, puis deux minutes et enfin trois minutes – ce qui fit au total six minutes –, au bout desquelles le père revint avec un nouveau message :

« Si vous voulez que tout finisse bien, ne sortez pas de la maison d'ici une heure, et ne vous approchez même pas de la fenêtre. Une heure, pas une seconde de moins ! N'oubliez pas qu'une vie innocente est en jeu. »

Ils se résignèrent à attendre dans la pénombre du salon. Les adultes parlaient à voix basse, mais les enfants ne tenaient pas en place, ils voulaient jouer au foot dans la cour ou à cache-cache dans la maison. Il fallut que M. Cinquedoigt menace de distribuer des gifles pour qu'ils se calment. Le Petiot grimpait sur les épaules de l'Angulaire pour épier par les fentes des persiennes fermées. Le facteur pensait à haute voix :

« Aussitôt que je l'aurai récupérée, je prendrai un mois de congé. Même sans solde.

– Mon frère vient d'acheter un chalet sur la côte Atlantique, il pourrait vous le louer : il y a un barbecue, une piscine et tout et tout. Vous voulez voir une photo de quand on y était avec les enfants, l'année dernière ? »

Mais le facteur l'écoutait sans l'entendre ou l'entendait sans l'écouter, perdu dans ses rêveries : il se voyait en pleine partie de volley sur la plage, ou au théâtre, applaudissant à tout rompre les vedettes de l'été...

« Dites-moi, c'est vrai ce qu'ils racontaient l'autre jour à la télé ? Ils disaient que, quand on perd une partie du corps, on continue à la sentir comme si elle était encore là. On n'a jamais eu un cas semblable dans notre famille. Je vous pose la question, à vous qui en faites l'expérience.

– Chut ! »

Le mari sortit un jeu de cartes du tiroir du buffet. Il regarda le facteur avec un sourire complice, et lui dit :

« Ça vous dirait une petite partie ?

– D'accord, mais laissez-moi avoir la main. »

Et ils jouèrent au *truco*[3]. Les enfants, même s'ils ne savaient pas encore jouer, adoraient observer la partie, pour eux aussi c'était une distraction.

3. Jeu de cartes, assez proche du poker, où il est possible d'avoir recours au bluff. On peut donc gagner sans avoir un bon jeu.

Sur un des murs de la salle à manger, il y avait une horloge en plastique en forme de grappe de raisins. Ils la regardaient tellement qu'elle finit par se dessécher. Toutes les fois que le facteur y jetait un coup d'œil en se mordant les lèvres, M. Cinquedoigt en profitait pour tricher.

Lorsque les aiguilles indiquèrent que l'heure était passée, ils allèrent tous dans le jardin en se frottant les yeux pour les habituer au soleil. Les gamins se bousculaient pour arriver les premiers, derrière eux venaient les maîtres de maison, et le facteur fermait le cortège, marchant d'un pas craintif, enveloppé dans la couverture.

Ils frappèrent : « Toc toc ! », sans obtenir de réponse. Ils insistèrent : « Toc toc toc ! », et on n'entendit que la résonance de la boîte aux lettres. Le père appela : « Manuel ! », les enfants crièrent : « Manu ! Manu ! », mais la boîte semblait déserte. M. Cinquedoigt regarda sa femme comme pour lui dire : « Qu'est-ce qu'il va nous sortir maintenant ? » Avant que quiconque osât risquer une hypothèse, le père proféra, d'un ton énergique :

« Apportez-moi la tenaille. »

Le facteur écarquilla des yeux grands comme des soucoupes.

« Faites attention ! Vous allez la blesser.

– On n'a pas d'autre solution.

– C'est très risqué ! S'il est dedans et qu'il devient fou ! Ça ne coûte rien d'attendre. »

Mais le Majeur, qui revenait du garage avec la tenaille, la donna à son père, et le facteur, en voyant M. Cinquedoigt se diriger vers la boîte aux lettres, se lança sur lui avec la couverture. Le maître de maison s'en débarrassa avec une passe de catch et le laissa étalé au milieu du jardin. Sans s'émouvoir de ses supplications, il força le métal jusqu'à casser la serrure.

À l'intérieur, ils trouvèrent une enveloppe avec une lettre écrite de la propre main de Manuel. Le père la parcourut, d'une voix vibrante en accord avec les visages solennels de ceux qui l'entouraient :

« Chère famille, à l'heure où vous lirez ces lignes, vous serez sans doute en train de vous dire que je suis un ingrat qui n'a pas su répondre comme il se doit à toutes ces années d'affection. Mais, lorsque vous connaîtrez la vérité, peut-être me comprendrez-vous et j'aurai votre pardon.

« J'ai connu la main gauche du facteur il y a trois mois. Un soir, en rentrant de la boîte de nuit, je me suis endormi dans la boîte aux lettres. Ce sont

les lettres, en me tombant dessus, qui m'ont réveillé. J'étirais les phalanges quand je l'ai aperçue pour la première fois, à contre-jour, dans le soleil qui entrait par la fente. Ce fut le coup de foudre.

« Je suis revenu à la boîte aux lettres le lendemain, et tous les jours qui suivirent. Nous ne nous croisions que le matin, du lundi au samedi, mais ces instants nous suffisaient pour échanger d'innombrables gestes complices, plus tard, des frôlements furtifs, et finalement des caresses intenses. Nous passions nos journées à nous morfondre pour nous voir seulement quelques instants. Vingt-quatre heures d'attente pour douze secondes de bonheur. Sur une semaine, faites le calcul ! »

M. Cinquedoigt envoya le Majeur chercher la calculatrice. Le calcul donna 148 heures d'attente pour 72 secondes de bonheur, et M. Cinquedoigt poursuivit sa lecture :

« Alors, j'ai eu l'idée de l'enlèvement. Je nourrissais l'espoir de gagner, non seulement la liberté pour nous deux, mais aussi l'argent qui nous permettrait de recommencer une nouvelle vie ailleurs. Loin d'ici, dans une autre ville, on allait pouvoir s'acheter un petit deux-pièces... Je n'ai pas eu besoin de lui raconter mon plan en détail, sa manière de me caresser m'assurait qu'elle me suivrait jusqu'au bout du monde.

« Si cette lettre vous parvient, cela voudra dire que nous sommes déjà partis. Je suis désolé de vous avoir fait une frayeur. Je n'oublierai jamais tout ce que vous avez fait pour moi.

« Une tendre caresse pour tous.

« Manuel. »

M. Cinquedoigt n'avait pas encore fini de lire le dernier paragraphe, la voix cassée par l'émotion, que le facteur s'effondrait sur l'herbe. Ils le traînèrent jusqu'au salon, l'installèrent dans le canapé orange, desserrèrent les lacets de ses chaussures et ouvrirent le col de sa chemise. Le Poucet lui tordit les chevilles en lui retirant ses chaussures puis les envoya d'un coup de pied dans le jardin, pendant que le Petiot et l'Angulaire pleuraient dans les bras l'un de l'autre en se mouchant mutuellement le nez. M. Cinquedoigt se dirigea vers l'armoire à pharmacie de la salle de bains pour prendre son remède et sa femme lui arracha la lettre des mains pour la déchirer en mille morceaux.

« Je savais bien qu'un jour ou l'autre cet ingrat allait nous faire passer un mauvais moment !

– Se tirer avec la première venue ! »

•

Le temps qui passe ferme les blessures, et celle du facteur cicatrisa comme les autres. Un matin, il fit irruption dans le jardin des Cinquedoigt en hurlant à tue-tête. Il brandissait une carte postale dans la main droite.

« Lettre des Caraïbes ! »

M. Cinquedoigt, qui tondait le gazon, débrancha la machine, les enfants passèrent leurs petites têtes souriantes par les fenêtres et la mère fit son apparition sur le pas de la porte d'entrée, avec des bigoudis sur la tête.

Dans le salon, le facteur s'installa sur le canapé orange qui était déjà le sien – depuis ce matin mémorable, il venait à tout bout de champ, simplement pour dire bonjour, prendre un petit verre de genièvre, et, à la fin de chaque mois, verser une part des mille dollars qu'il leur devait.

« Regardez cette belle plage, ils ne se privent de rien, ces deux-là. »

Tout fier, le facteur lut la carte postale :

« Depuis ce lieu paradisiaque, dernière étape de notre lune de miel autour du monde, nous espérons que vous allez bien. Grâce à Dieu, pour nous, tout se passe merveilleusement. Plein de caresses de Manuel et de sa femme. »

Au milieu du vacarme des enfants qui se bagarraient pour la carte postale, les maîtres de maison proposèrent de porter un toast. M. Cinquedoigt sortit une bouteille de mousseux du frigidaire, sa femme épousseta les verres à pied –

cadeau de mariage –, ils revêtirent la table d'une nappe brodée par la grand-mère et le Majeur courut à la pâtisserie acheter des gâteaux.

M. Cinquedoigt déboucha le mousseux et le servit sans en renverser une seule goutte. Au moment où ils levaient les verres, et le sourire aux lèvres, un soupçon de mélancolie assombrit le visage du facteur. M. Cinquedoigt lui donna des tapes amicales dans le dos.

« Ne faites pas cette tête-là, elle est en de bonnes mains. Manuel est un type formidable, il va la traiter comme une reine.

– Vous croyez ?

– J'en suis sûr ! Allez, il faut fêter ces bonnes nouvelles. »

Au moment de trinquer, chacun formula un vœu différent pour les jeunes mariés.

« Qu'ils gagnent beaucoup d'argent, dit M. Cinquedoigt.

– Qu'ils aient beaucoup d'enfants, dit sa femme.

– Qu'ils soient très heureux, dit le facteur. Et il ajouta, les larmes aux yeux : Et qu'ils marchent toute leur vie main dans la main. »

La poignée de main

Il restait encore quatre ans, six mois et neuf jours à M. Calderon pour prendre sa retraite de gardien du musée régional des Beaux-Arts. Il avait été embauché au retour du service militaire. À présent, marié et père de sept garçons, il était fier d'être le gardien le plus ancien du musée et d'avoir réussi à bâtir une maison et à nourrir neuf bouches avec son salaire. La première année, il avait été affecté à la salle de peinture rupestre, la plus sombre et la plus humide. Au fil des ans, il avait remonté les siècles jusqu'aux salles les plus récentes. D'abord, celle de peinture médiévale européenne, puis la tumultueuse galerie romantique, l'austère salle indigéniste, celle, déconcertante, de peinture idéaliste, et ainsi de suite jusqu'à la dernière du parcours, celle de peinture contemporaine. De sa porte, il pouvait voir la billetterie, le jardin d'hiver où se trouvait une sculpture représentant *Ugolin famélique dans un bidonville*, et le portail par lequel on le verrait partir lorsqu'il prendrait sa retraite. Debout devant une fenêtre, il lorgnait vers la rue, impatient, car ce matin-là on attendait la visite d'une haute personnalité. Pour l'occasion, il avait mis la médaille qui lui avait été décernée en l'honneur de son ancienneté, quand le musée avait été rouvert après les travaux de restauration.

Le Président leva les yeux de sa bande dessinée et contempla la ville à travers la vitre fumée de la limousine. Ce jour-là, il inaugurait un complexe hydraulique. Mais, avant de déjeuner avec le maire et les membres du conseil municipal au Club Régates, il devait se rendre, avec son escorte, au musée régional des Beaux-Arts. Depuis qu'il avait été somptueusement réaménagé, le musée était une étape incontournable pour les personnalités de passage. Les limousines du cortège traversaient la ville, de l'aéroport au musée, ignorant les feux rouges, escortées par des policiers en moto. Si un enfant ou un fou s'avisait de les suivre en bicyclette, un des motards l'effrayait d'un geste de sa main gantée de cuir. De temps en temps, au coin d'une rue ou sur une place, le cortège croisait des groupes de badauds, l'une des vitres fumées s'ouvrait, et la Première dame laissait entrevoir sa main. Finalement, les limousines s'arrêtèrent devant le musée, le Président et son épouse descendirent, enveloppés dans un petit nuage de parfum français, et le conservateur du musée s'empressa d'offrir son aide à Mme la Présidente pour monter sur le trottoir.

De sa fenêtre, M. Calderon vit entrer le Président suivi de son escorte, tous en costume-cravate, les cheveux coupés court et gominés. Le conservateur agitait les bras et discourait sur les centaines de tableaux représentant des siècles de peinture et répartis dans des douzaines de salles. Une adolescente offrit un immense bouquet de fleurs à Mme la Présidente, qui le donna à l'un de ses gardes du corps. Le conservateur décrivit la sculpture d'*Ugolin*, résumant d'une phrase la vie du sculpteur – un artiste de la Renaissance aux cheveux gris cendré –, et les invita à passer à la première salle. M. Calderon consulta la montre plaquée or qui lui avait été offerte pour ses vingt ou trente années de bons et loyaux services : il était onze heures moins le quart. À partir de ce moment, il se mit à calculer, avec l'intime connaissance qu'il avait des salles et des œuvres exposées, à quel niveau du parcours se trouvait le Président. Il l'imaginait absorbé par les chefs-d'œuvre du mouvement altruiste, déchiffrant la signification profonde d'une peinture cégétiste ou s'extasiant face à l'explosion chromatique des toiles fumistes. Le Président était un homme cultivé, ce n'était pas pour rien qu'il était docteur, on ne donne pas ce titre à n'importe qui. Et il était de bonne famille, toute une lignée de docteurs, son père avait été député et son grand-père sénateur. Il en était de même pour la Première dame : plus d'une fois on l'avait vue à la télévision inaugurer des bibliothèques, des clubs sportifs et des galeries marchandes.

Le Président occupait le centre du petit nuage de parfum français et les hommes de l'escorte sa périphérie. Le porte-parole du Président demanda au conservateur, à voix basse, de bien dépeindre les tableaux de la salle dans laquelle ils se trouvaient, car le Président était un grand amateur de la période discursive. Mais, lorsque le conservateur se mit à décrire techniques, motifs et détails biographiques, le Président ne lui prêta qu'une oreille distraite. De l'autre, il écoutait le ministre des Travaux publics : le ministre de l'Environnement avait, semble-t-il, déclaré à la presse locale qu'il désapprouvait le projet de logements pour les ouvriers de la centrale hydraulique. Le Président regardait les tableaux distraitement. En fait, il observait du coin de l'œil le ministre de l'Environnement, pressentant que quelque chose de louche se passait de ce côté-là. Celui-ci parlait à son voisin avec son sourire habituel : on ne savait jamais s'il racontait une blague stupide ou s'il était en train d'ourdir un complot. Puis le Président se mit à tripoter les petits boutons de sa montre qui lui donnait l'heure dans le monde entier, et il demanda au porte-parole présidentiel de deviner quelle heure il était à Los Angeles, à Rome, à Moscou, et ainsi de suite jusqu'à épuisement des villes répertoriées. La Première dame, qui contemplait le papier peint sur les murs, voulut savoir où ils l'avaient acheté, il lui plaisait beaucoup, c'était très coquet. Le conservateur répondit à sa question, et le porte-parole présidentiel lui dit à son tour quelque chose sur un ton confidentiel. Elle écarta sa boucle d'oreille pour mieux l'entendre et gloussa en se couvrant d'une main la bouche luisante de salive et de rouge à lèvres.

M. Calderon imaginait maintenant le Président dans la salle de peinture égotiste ou dans celle de peinture simpliste, c'est pourquoi il eut un coup au cœur lorsqu'il le vit entrer dans la dernière salle, la sienne. Déplaçant avec lui son petit nuage de parfum français et son escorte aux cheveux gominés, le Président se trouvait face aux toiles des plus talentueux peintres locaux, que M. Calderon connaissait personnellement parce que, de temps à autre, ils venaient lui demander s'il y avait beaucoup de monde à visiter la salle, combien de temps les gens restaient, et s'ils regardaient bien la signature au bas de chaque tableau. Le Président désigna une toile représentant des enfants en train de jouer au football et il parla à l'oreille de son secrétaire privé. Le secrétaire rit et s'approcha du conservateur du musée pour lui dire que, si le tableau avait été en vente, le Président l'aurait acheté pour l'accrocher dans son bureau du palais présidentiel. Ensuite, le Président jeta un coup d'œil autour de lui, et la Première dame, les ministres, les gardes du corps, tous attentifs à ses moindres gestes, comprirent que la visite était terminée. Lorsque le Président arriva devant la porte où se tenait M. Calderon, il s'arrêta face à lui, le fixa dans les yeux et dit : « C'est grâce à des gens comme vous que notre culture est toujours vivante. » Puis il lui donna une poignée de main, et l'univers entier se figea autour du centre de gravité que formaient ces deux mains : l'une décidée, sage, dirigeant le monde, l'autre soumise, crédule, se laissant mener.

À onze heures cinq, le nuage de parfum français se dissolvait dans l'air de la rue et les limousines du cortège s'éloignaient sur le boulevard, escortées par les policiers en moto, vers le déjeuner officiel avec le conseil municipal, au Club Régates. Tandis que M. Calderon, derrière la fenêtre, saluait du regard et revenait à son poste de travail qu'il ne quitterait que quatre ans, six mois et neuf jours plus tard, le conservateur et l'adolescente aux fleurs, au milieu de la rue, faisaient au revoir de la main. Le musée retrouva son rythme habituel : la caissière se limait les ongles derrière sa caisse, le conservateur invitait à déjeuner l'adolescente dans sa maison de campagne, la fille lui répondait qu'elle y réfléchirait et allait fumer une cigarette en cachette aux toilettes, et les trois ou quatre visiteurs, touristes étrangers pour la plupart, s'apprêtaient à visiter les différentes salles. Lorsque le photographe du journal local l'aborda pour lui demander s'il ne voulait pas un tirage de la photo, M. Calderon ne comprit pas de quoi il parlait. Le photographe lui expliqua qu'il l'avait pris en photo avec le Président, à l'instant précis où celui-ci lui serrait la main, comment se faisait-il qu'il n'ait pas vu le flash ? Quand il lui demanda si la photo allait paraître dans le journal, le photographe répondit qu'ils publieraient, dans l'édition du lendemain, un article en première page sur la première pierre de la centrale hydraulique et une autre en dernière page sur la dernière visite au musée, dans laquelle on verrait la poignée de main avec l'illustre gardien. Il n'avait qu'à se rendre à son laboratoire l'après-midi même, il aurait un cliché gratuit pour lui, agrandi et en couleurs.

Dans l'avion présidentiel qui le ramenait vers la capitale, le Président s'endormait, le ventre plein de viande grillée, de vin rouge et de crème chantilly. Le repas avait produit le même effet sur son escorte : autour de lui, ses hommes se laissaient aller, certains enlevaient leur cravate et leurs chaussures, d'autres s'allongeaient sur deux ou trois sièges, l'avion était à moitié vide. Avec le peu d'énergie qui lui restait, le Président parvint à dire, entre deux rots, sans se lever, qu'ils feraient bien de dormir un peu, car, le soir même, ils avaient une importante réunion du cabinet, et ses collaborateurs répondirent en marmonnant. Plus tard, dans les toilettes de l'avion, le Président pleurait, désespéré : il s'était endormi et avait rêvé que sa maman mourait dans un accident. Le porte-parole présidentiel le consolait en lui parlant doucement à l'oreille.

Ce soir-là, M. Calderon accrocha la photo encadrée d'acajou dans le salon de sa maison, embrassa sur le front chacun de ses sept garçons en leur souhaitant bonne nuit et regarda *Cinq minutes avec Dieu* à la télévision. Lorsque Dieu en eut fini avec ses conseils et s'en fut retourné au Ciel, M. Calderon éteignit le poste et se mit au lit – son épouse l'attendait en lisant la rubrique « Riches et célèbres » du journal. M. Calderon avait gardé le même sourire aux lèvres depuis la poignée de main du matin et, à présent, celui-ci se réfléchissait sur le visage de son épouse qui le salua d'un air réjoui et lui demanda s'il était fatigué. Il fit oui de la tête, ajouta qu'il était heureux, ferma les yeux et essaya de faire cadrer l'image du Président qu'il avait salué ce matin-là avec celle de la télévision ; tant de fois, il l'avait entendu dire que notre patrie est grande et généreuse, construisons un pays juste et souverain, Dieu est avec nous, la dignité du travail et la défense de la propriété privée ne doivent pas être remises en cause, pensons à nos aînés qui ont fondé la patrie, à nos enfants qui en hériteront. Il aurait voulu avoir des pouvoirs télépathiques pour voir le Président au travail en cet instant précis : il l'imaginait en plein conseil de cabinet, à chercher des solutions aux problèmes du pays, malgré l'heure tardive, y laissant sa santé, tandis que lui s'endormait tranquillement dans son lit.

Au moment même où M. Calderon s'endort, tournant le dos à sa femme, le Président, dans la capitale du pays, reçoit un par un ses ministres dans une cave du palais présidentiel : ils arrivent accompagnés de leurs épouses, de leurs maîtresses, des amants de leurs épouses, parmi lesquels se trouvent des play-boys de renommée internationale au bras de leurs dernières conquêtes. Le niveau d'intensité de la musique, tout d'abord très faible, augmente peu à peu. Frénétique, le rythme disco résonne dans les tympans des convives, tandis que des lampes de toutes les couleurs et des rayons laser s'allument. Entraînés par la cadence, les lumières et le whisky que des serveurs androgynes distribuent sur des plateaux en argent, les ministres, les play-boys, les épouses, les maîtresses et même le Président, tout en bavardant, commencent à s'agiter : d'abord la taille, puis les bras, les pieds et les genoux. Et, pendant que, dans une ville située à des centaines de kilomètres de là, un gardien de musée qui a serré la main du Président entre dans la phase du sommeil qu'on appelle paradoxal, au palais présidentiel les invités dansent, excités, ruisselants de sueur, les nœuds des cravates défaits, en bras de chemise, et les ministres les plus costauds soulèvent le Président et le portent sur leurs épaules pour qu'il se sente heureux et ne pleure pas, comme cela lui arrive parfois, à l'improviste et sans raison.

Naissance d'une famille

Son trône jouxtait la vitrine du magasin. Pendant les heures creuses, quand les clientes se faisaient désirer, il tuait le temps en regardant les enfants s'amuser dans le square d'en face. La partie de cache-cache le tenait en haleine, il se tordait de rire en les voyant remuer comme des crapauds en jouant aux billes et, plus d'une fois, il s'était trompé en rendant la monnaie, attentif qu'il était à l'issue d'un match de football. Si la cliente était du quartier, elle savait qu'il ne le faisait pas par malhonnêteté, mais par distraction. Alors, elle riait et lui disait : « Réveille-toi, t'es amoureux ou quoi ? »

Un petit gros attirait son attention. Plus lent que les autres gamins, il était toujours le premier à être découvert lors des parties de cache-cache. Au foot, il avait beau courir derrière le ballon, il ne parvenait jamais à le toucher, sauf quand les autres l'envoyaient le chercher. Un après-midi que le ballon avait rebondi jusque devant l'épicerie, Pituco avait pu voir le gamin de près. Il était resté abasourdi par son visage d'orphelin.

Depuis lors, il avait ressenti encore plus de tendresse pour lui, et il ne le perdait jamais de vue parmi l'assemblée turbulente des enfants. Une fin d'après-midi, alors que la bande se dispersait, il l'appela. En échange de quelques bonbons, le petit lui dit qu'il s'appelait Alfonsito et qu'il avait huit ans. L'image de son sourire, de ses yeux globuleux, de ses petites mains qui décortiquaient les papiers de bonbon, l'accompagna tout le reste de la journée. Cette nuit-là, il rêva que, tous deux, ils lançaient un cerf-volant. Ils le tiraient au bout d'un fil de soie et il volait juste au-dessus de leurs têtes, presque à portée de leurs mains, alourdi par les ornements qui l'enjolivaient.

•

Tous les après-midi, avant de rentrer chez lui, Alfonsito lorgnait du côté de *L'Espérance*. Pituco, qui le guettait, sifflait pour le faire venir, et le gamin traversait la rue sans regarder – ce qui lui valait une tendre réprimande de l'épicier, qui aussitôt après lui donnait des bonbons. Avec le temps, l'enfant finit par réagir au signal de manière automatique. Lorsque Pituco, à ses moments perdus, le sifflait, Alfonsito s'arrêtait de jouer, ouvrait la bouche et venait vers lui en traînant les pieds. Une voisine, bavarde comme il y en a tant, lui rapporta : « Il est orphelin de père et de mère, il vit dans un petit appartement avec son oncle, sa tante et leurs nombreux enfants. Pour eux, Alfonsito est une charge, mais ils sont obligés de le garder, par manque de place à l'orphelinat. Et bien qu'il soit le meilleur de sa classe, il fréquente l'école du bidonville, aucun autre établissement n'a accepté de le prendre. »

Naissance d'une famille

Un lundi, Pituco se rendit chez Alfonsito et demanda à parler à l'oncle et la tante. Au milieu du vacarme des enfants, surmontant sa répugnance dans la cuisine crasseuse et en désordre, il se présenta comme le propriétaire de *L'Espérance*. Il soutint les regards à la fois étonnés et méfiants de l'oncle et de la tante, qui ne lui proposèrent même pas de s'asseoir, et debout, sans bouger de sa place, il leur expliqua qu'il ressentait une certaine tendresse pour Alfonsito et qu'il voulait l'engager comme coursier à mi-temps, tous les après-midi, du mardi au samedi.

Lorsqu'ils s'inquiétèrent des intentions de Pituco – n'allait-il pas exploiter le garçon en lui payant un salaire de misère ? –, l'épicier sortit une grosse liasse de petits billets qu'il mit sur la table. L'homme balbutia qu'Alfonsito était très maladroit et qu'on ne pouvait pas tirer grand-chose de lui. La femme ajouta qu'elle devenait folle à force de lui répéter mille fois les mêmes consignes. Comme Pituco, agitant les bras pour chasser les mouches, assurait que cela lui était égal, qu'il aurait de la patience, l'oncle rangea les billets dans une boîte en fer, donna son accord et ajouta aussitôt qu'il n'avait pas intérêt à venir se plaindre ni à demander qu'on lui rendît l'argent si jamais il regrettait sa décision.

Le lendemain, à trois heures sonnantes, Alfonsito, vêtu d'un tablier marron et portant des lunettes qu'il ne mettait jamais pour jouer, écoutait sans dire un mot les instructions de son nouveau patron. Pituco, avec cette patience acquise au cours de longues années de métier, lui montra le dépôt, lui expliqua comment ranger les marchandises, et l'envoya à vélo encaisser l'argent que lui devaient certaines clientes. À la fin de l'après-midi, il lui fit cadeau d'un paquet de bonbons à partager avec ses cousins.

•

Pituco ne regretta pas sa décision : Alfonsito travaillait lentement mais bien. L'enfant avait beaucoup de choses à apprendre, mais même le plus dégourdi aurait eu besoin de temps pour dominer le fonctionnement complexe d'un magasin comme le sien. Pituco découvrit qu'il pouvait stimuler l'apprentissage d'Alfonsito en se servant d'une petite fronde : chaque fois que l'enfant hésitait, Pituco, d'abord doucement, puis plus fort, lui lançait une boulette de papier humecté de salive, en visant ses chevilles nues. Le mercredi où il reçut sa première paye avec une paire de chaussettes en cadeau, le gamin avait déjà mémorisé la place de chaque article.

Ce même mercredi, vers sept heures du soir, une brune au corps svelte, habillée sur mesure et maquillée comme une animatrice de télévision, demanda d'une voix charmante si on vendait des chocolats fins. Alfonsito s'empressa de la renseigner et son intervention fut providentielle pour Pituco qui, intimidé par tant de beauté, était resté muet. Elle mit un long moment à choisir les chocolats, et durant cet intervalle, Pituco, pétrifié, ne la quitta pas des yeux, tandis qu'Alfonsito la contemplait bouche bée.

Quand elle voulut payer, Pituco lui demanda avec une toute petite voix si elle avait besoin d'autre chose. La femme fit non de la tête en esquissant une moue qui éveilla une faim de baisers chez Pituco, derrière sa caisse, et chez Alfonsito, adossé à un étalage. Ils la regardèrent s'éloigner, sur le pas de la porte. Sa sombre chevelure ondulait au gré de la brise du soir tandis qu'elle traversait la rue telle une star de cinéma, grande, si grande... Une commère les tira de leurs profondes méditations : « Elle vient d'emménager dans le quartier. Elle est professeur d'italien, mariée à un agent de change. Ils n'ont pas d'enfants, c'est bizarre d'ailleurs, parce qu'elle n'est pas si jeune et lui non plus. Mais quelle élégance, elle s'habille drôlement bien ! Paraîtrait qu'elle a été mannequin. »

Naissance d'une famille

•

La déesse venait souvent l'après-midi à *L'Espérance* acheter ce qui lui manquait pour le dîner. Pituco, surmontant petit à petit sa timidité, restait suspendu à ses paroles. Sans bouger de sa caisse, il lui indiquait vaguement où trouver ce qu'elle cherchait, pour la garder le plus longtemps possible près de lui. Il se délectait de la voir marcher entre les étalages et, lorsque Alfonsito essayait de voler à son secours, il lui lançait une boulette de papier aux chevilles.

Mais, malgré la complicité qui s'établit peu à peu entre le commerçant et la cliente, elle maintenait ses distances. Elle n'allait au-delà du simple « bonjour bonsoir » que pour expliquer ce pour quoi elle était venue : un chorizo pour l'apéritif parce que ce soir-là elle recevait du monde, du lait pour la crème renversée, des banalités de ce genre. Alors, le jour où elle arriva toute souriante et regarda Pituco dans les yeux, il fut pris de panique. Elle lui demandait, en agitant un petit carton de la main, de lui rendre un service : coller à côté de la caisse sa carte de visite tout écrite en lettres dorées.

Pituco lut : *« Guirnalda Pozos - Professeur Certifié - Cours Particuliers d'Italien »*, et dessous, un numéro de téléphone. Ce premier moment d'émotion passé, il lui répéta trois fois qu'il n'y voyait aucun inconvénient et lui donna en retour une carte de *L'Espérance*, au cas où elle voudrait un jour faire une commande par téléphone et être livrée à domicile. Elle le remercia d'un grand sourire et, lui tournant le dos, passa de l'autre côté de la vitrine. Les yeux de Pituco restèrent rivés aux talons aiguilles qui s'éloignaient sur le trottoir.

Alfonsito voulut prendre la carte mais Pituco ne le laissa pas même la toucher. Il dégagea un espace au-dessus des annonces d'étudiants qui faisaient du baby-sitting ou proposaient des cours de soutien scolaire, et colla la carte soigneusement avec une profusion de ruban adhésif. Ce soir-là, avant de baisser le rideau métallique, il jeta un dernier regard aux lettres dorées qui brillaient dans l'obscurité et pria Dieu de lui permettre de rêver à Guirnalda.

Pendant les jours qui suivirent, Pituco passa des heures entières à soupirer et à contempler la carte. À plusieurs reprises, il sortit de derrière la caisse pour lui trouver une meilleure place et, un jour qu'Alfonsito le surprit à la caresser, il devint tout rouge, balbutia qu'il était en train de nettoyer la poussière et l'envoya chercher un plumeau.

•

Un soir, alors qu'il était sur le point de fermer boutique, le téléphone sonna. Quand Pituco se fit connaître, une voix féminine au bout du fil dit qu'elle cherchait un électricien. C'était Guirnalda Pozos, il y avait une coupure de courant chez elle. Il lui dit qu'un électricien à cette heure-ci lui coûterait les yeux de la tête et, comme il s'y connaissait un peu, lui proposa son aide. Promptement, il baissa le rideau métallique et, aussi vite que ses courtes jambes le lui permettaient, se rendit à l'adresse indiquée sur la carte aux lettres dorées.

C'était un chalet à deux étages, en briques apparentes, avec un grand jardin, un garage pour deux voitures et une antenne parabolique. Pituco frappa à la porte et, quand Guirnalda regarda par le judas, il se mit sur la pointe des pieds. En chemise de nuit, une bougie allumée à la main, elle lui expliqua qu'elle avait peur de rester seule dans le noir. Pituco voulut voir les fusibles et elle le guida à travers un salon dont les contours se perdaient dans la pénombre, pendant qu'il marchait sur la pointe des pieds pour essayer de se rendre plus grand.

Ils traversaient un couloir quand un coup de vent fit claquer une fenêtre. Pituco sentit qu'elle s'agrippait à son bras et il la prit à son tour par la taille. Elle le conduisit à travers une autre pièce. Les deux corps collés l'un à l'autre s'embrasaient un peu plus à chaque pas. Il se décida à monter sur une chaise, la prendre dans ses bras, l'envelopper de son haleine et à l'embrasser. Elle soupira, lui abandonna ses lèvres et, en l'étreignant, elle fit pencher la bougie qu'elle tenait à la main. Sur le cou de Pituco tombèrent quelques gouttes de cire ardente.

Après l'ivresse de l'amour, une fois qu'elle se fut endormie, Pituco s'habilla et inspecta la maison à la recherche des fusibles. Il les répara et, avant de connecter l'interrupteur général, il installa en position d'allumage tous les interrupteurs de la maison. Puis il retourna au canapé où elle gisait et lui dit à l'oreille : « Quand la lumière reviendra, je serai parti. » Avant de sortir, il mit en marche l'interrupteur général et la maison s'illumina d'un coup. Elle se leva d'un bond, courut vers la porte d'entrée, mais il avait déjà disparu.

•

Le lendemain, lorsque Guirnalda alla faire ses courses à *L'Espérance*, ils éprouvèrent tous deux une telle gêne qu'ils furent incapables de s'adresser la parole. Elle s'empressa de payer et il lui rendit la monnaie les cils baissés. Alfonsito, étonné, la regardait s'en aller sans dire au revoir, quand une voisine qui assistait à la scène déclara sentencieuse : « Les femmes, nous avons parfois des problèmes que vous, les hommes, ne pouvez pas comprendre. »

Pituco redoutait que sa froideur ne soit l'expression de regrets, mais le fait qu'elle vienne faire ses courses à *L'Espérance*, alors qu'il y avait d'autres épiceries dans le quartier, était la preuve qu'elle voulait le revoir. Quoique cela ait pu aussi vouloir dire : « Cliente, oui, maîtresse, jamais. » Cette nuit-là, il ne parvint pas à trouver le sommeil à force de se livrer à toutes sortes de conjectures. Il se répétait que Guirnalda était trop bien pour lui, qu'elle n'allait pas se compliquer la vie avec un minus, elle qui pouvait avoir tous les hommes à ses pieds. Il se souvenait de son défunt père se moquant des hommes qui épousaient des femmes plus grandes qu'eux : « C'est pas normal, disait-il, les femmes trop grandes finissent toujours par cocufier leurs maris. »

Ce lundi, en s'installant à la table de la cuisine pour faire des mots croisés, Pituco eut un élan irrépressible : il se saisit d'un stylo-bille, de papier, d'un dictionnaire, de quelques romans à l'eau de rose, et noircit des dizaines de pages de phrases qu'il raturait aussitôt. À la tombée du jour, il lut le résultat de son inspiration :

Mon amour,

L'heure que nous avons passée ensemble m'a transi et me brûle encore. J'ai besoin de vous revoir.

Je meurs du désir de savoir si vous accepteriez une nouvelle rencontre, d'autres rencontres, d'infinies rencontres qu'envisage mon imagination débridée.

Si vous partagez ma fièvre et acceptez de me revoir, je souhaiterais que chaque fois soit comme la première, pour que la flamme qui nous brûle garde toujours la même ardeur. Je ne voudrais pas qu'elle se consume et s'éteigne.

Accordez-moi un rendez-vous, choisissez l'endroit et attendez-moi dans le noir complet. Une fois que nous nous serons aimés dans la pénombre, après mon départ, vous pourrez allumer les lumières. Ainsi, notre passion restera intacte, et chaque fois sera comme la première.

J'attends impatiemment votre réponse. À vous pour toujours,

Pituco Gomez.

Le jour où elle revint faire ses courses à *L'Espérance*, Pituco lui donna la lettre, dissimulée sous un petit paquet de sucre glace, et elle la mit dans son sac si discrètement que même Alfonsito n'y vit que du feu. La réponse arriva le lendemain, entre deux billets de dix pesos, dans une enveloppe minuscule. Elle acceptait sa proposition, lui donnait rendez-vous dans un hôtel à l'autre bout de la ville, pour le lundi suivant, et ajoutait qu'elle préférait ne pas passer par l'épicerie d'ici là.

Pituco vécut une semaine interminable. Au cours de ses longues nuits d'insomnie, il passait tour à tour de la joie à la souffrance, de la représentation de leurs deux corps nus à la crainte de ne pas être à la hauteur. Pendant la journée, il s'assoupissait derrière sa caisse, jusqu'à l'arrivée d'Alfonsito, qui le secouait pour le réveiller. Mais ce qui semblait si lointain finit par arriver : le dimanche, la nuit du dimanche, l'aube et le premier lundi.

•

Ils firent l'amour dans le noir artificiel de l'heure de la sieste et tout se passa comme il l'avait planifié. Ils retournèrent à l'hôtel tous les lundis à la même heure et, pour la première fois de sa vie, Pituco vécut le miracle de deux corps qui s'explorent et qui progressivement s'apprivoisent, élevant l'amour jusqu'aux sphères célestes. Pourtant, cette communion ne lui faisait pas oublier la honte de son propre corps. C'est pourquoi, outre la pénombre protectrice, il prenait toujours la précaution d'arriver avant elle pour l'attendre dans le lit.

Après l'amour, ils avaient de longues conversations au cours desquelles ils dévoilaient leur vie intime. Protégé par l'obscurité de la chambre d'hôtel, Pituco pénétra, avec un plaisir qu'il dissimula à merveille, le désarroi de Guirnalda : son mari qui passait sa vie dans les avions, arrivant parfois à la maison à l'aube pour repartir un peu plus tard, et elle qui se sentait si seule... Cependant, son mari gagnait des fortunes en spéculant en Bourse, l'entretenait et ne lui laissait manquer de rien. Mais elle aurait tant voulu gagner sa vie, être indépendante pour pouvoir lui mettre les points sur les *i*... Difficile avec le salaire de misère qu'elle gagnait à l'Éducation nationale. Quant aux cours particuliers, ça n'avait jamais marché, parce que les gens, quand ils décident de dépenser de l'argent pour apprendre une langue, c'est l'anglais d'abord.

Une fois leur présent épuisé, ils remontèrent le cours du passé. Guirnalda lui raconta son enfance dans une famille de la haute bourgeoisie qui avait été ruinée lorsque son père perdit tout son capital en s'associant à un escroc chilien[1]. Puis, elle lui relata les années trépidantes pendant lesquelles elle avait travaillé comme mannequin dans les capitales européennes. Pituco lui parla de sa jeunesse dans une famille ouvrière, de son premier et unique amour qui s'était soldé par un échec et de la façon dont il s'était débrouillé pour ouvrir son libre-service. Un après-midi, ils parlèrent d'Alfonsito : Pituco lui dit des merveilles du gamin, et quand, sans crier gare pour que sa réaction

1. Dans l'imaginaire collectif et populaire argentin, les Chiliens sont souvent des voleurs (si l'auteur aime bien les rares Chiliens honnêtes, il aime par contre toutes les Chiliennes...).

soit sincère, il lui demanda pourquoi elle n'avait pas d'enfants, elle lui répondit sèchement qu'avec un mari comme le sien cela lui était impossible, parce que le cœur l'emporte toujours sur le corps.

Pituco passait le reste de la semaine à contempler le calendrier et à compter les jours qui le séparaient du lundi. Comme Alfonsito était la seule personne qu'il avait sous la main, il ne pouvait s'empêcher de l'entretenir de Guirnalda. Il le faisait avec tant de respect et d'éloges que, quand elle passait par le magasin, Alfonsito la dévisageait comme si elle avait été la Vierge Marie en personne. Elle répondait à cette admiration par des gestes de tendresse, lui demandait ce qu'il avait fait à l'école, lui caressait la tête ou lui pinçait la joue.

Un samedi, Guirnalda emmena Alfonsito au cinéma. Au retour, ils passèrent à *L'Espérance* pour commenter avec enthousiasme les dessins animés qu'ils venaient de voir, au milieu d'un pique-nique improvisé de petits gâteaux et de boissons gazeuses. Tout à coup, Guirnalda regarda sa montre et prit son sac en disant qu'elle était en retard. Au moment de partir, son regard croisa celui, serein, de Pituco et, les yeux brillants de larmes, elle partit en courant.

Un soir, Pituco reçut la visite de clients inattendus : Guirnalda et son mari. L'homme était grand et athlétique, ses cheveux bruns étaient gominés, et il portait complet, cravate et imperméable avec l'élégance d'un gentleman. Comme il lisait les étiquettes des vins et demandait son opinion à Guirnalda, elle approuvait avec soumission. Les mains de Pituco tremblaient et, quand l'homme lui tendit un gros billet, en lui rendant la monnaie, Pituco bégaya, avec un mince filet de voix, un minuscule : « Merci... beaucoup. »

Cette nuit-là, Pituco ne parvint pas à fermer l'œil. Il se comparait au mari et se disait qu'il n'avait aucune chance. Même si Guirnalda l'aimait autant qu'elle le prétendait, elle n'abandonnerait jamais son époux pour venir vivre avec lui, simplement parce que aux yeux du monde quelqu'un comme Pituco n'était pas à la hauteur. Il finit par se dire que, s'il n'arriverait jamais à s'élever au niveau de Guirnalda, elle, en revanche, pouvait s'abaisser au sien.

•

Depuis lors, Pituco eut la tête ailleurs. Il passait ses nuits à lire le même livre d'anatomie, arpentait l'épicerie en pensant à voix haute, délaissait ses clientes habituelles. Et, quand Alfonsito osait s'en étonner, il le dévisageait avec un sourire si étrange que le gamin, effrayé, se cachait derrière un étalage. Avec ce même sourire, un après-midi, il l'entraîna dans un coin, le prit par les épaules et lui expliqua la plaisanterie qu'ils allaient faire à Guirnalda.

Le lendemain, dès qu'il la vit entrer, Pituco lui annonça qu'il avait reçu une nouvelle marque de chocolats et qu'ils étaient exquis. Elle s'empressa de demander où ils se trouvaient et il lui indiqua un étalage. À peine avait-elle tourné le dos que Pituco fit un clin d'œil à Alfonsito. Celui-ci alla chercher l'escabeau dans la cour. Pendant que l'enfant le tenait, Guirnalda monta quelques marches sans lâcher son sac. Pituco lui dit qu'ils étaient plus haut, et elle continua son ascension. Les marches craquaient, elle se tenait du bout des doigts, se mordait les lèvres et regardait en bas. Pituco fit un signe à Alfonsito, l'enfant bouscula l'échelle et courut vers lui. Guirnalda se tint en équilibre quelques secondes, cria, lâcha son sac et tomba avec fracas.

Pituco vint la voir tous les après-midi à l'hôpital, avec un bouquet de fleurs à la main et Alfonsito à la traîne. Quelque temps avant de sortir, alors qu'elle venait d'apprendre qu'elle allait rester paralysée à vie, Guirnalda reçut une lettre de son mari : il la quittait parce qu'il avait reçu une missive anonyme lui révélant sa liaison avec Pituco, et que sa condition d'agent de change ne lui permettait pas de continuer à vivre avec une femme tombée si bas. Pituco et Alfonsito allèrent la chercher à sa sortie de l'hôpital, portant à deux un énorme paquet-cadeau qu'elle s'empressa d'ouvrir. Elle fut aussitôt éblouie par les reflets métalliques d'une chaise roulante.

•

Depuis lors, ils s'occupent tous les trois de *L'Espérance*, de l'aube jusqu'au soir. Pituco se charge des marchandises, Alfonsito fait les commissions et Guirnalda tient la caisse. Les lundis, en fin d'après-midi, ils vont se promener en ville. Alfonsito court devant, débordant de gaieté et, derrière lui, viennent ses parents adoptifs. Guirnalda, dans sa chaise roulante, fait des commentaires sur les vitrines et gronde l'enfant quand il ne fait pas attention aux voitures. Un sourire fier aux lèvres chaque fois qu'il croise une connaissance, Pituco Gomez pousse la chaise roulante et, si l'envie lui prend d'embrasser son épouse, il lui suffit de se pencher à peine. On voit sur son visage qu'il est au septième ciel.

L'immortel aux jours comptés

De Gilgamesh et sa plante magique[1] jusqu'à Faust et son pacte avec le Diable, en passant par les légendes de vampires et la résurrection de l'âme dans le paradis chrétien, l'immortalité est une obsession dont on peut suivre le cours tout au long de l'histoire de l'humanité. Grâce à la médecine, l'espérance de vie s'est considérablement allongée. Il serait superflu de mentionner tous les progrès qui, il y a à peine un siècle, auraient été considérés comme des miracles et qui aujourd'hui sont devenus quotidiens. L'évolution de la médecine a été si importante qu'elle a permis à un gynécologue argentin, il y a quelques années, de découvrir la formule de l'immortalité.

1. Héros assyrien, inspiré d'un roi de Sumer. Il part à la quête de l'immortalité et la trouve sous la forme d'une plante, qui lui sera dérobée par un serpent. D'autre part, Gilgamesh est devenu le héros d'une B.D. pour adultes très populaire en Argentine.

•

Issu d'une famille de riches fermiers d'Esperanza, ville de la province de Santa Fe qui figure sur de nombreuses cartes, le docteur Garcia Laborto passa son enfance à cheval, entre la pampa humide et le ciel. Peut-être fut-ce le vertige de sa petitesse face à l'immensité de la plaine qui commanda sa vocation première : à dix-huit ans, il s'en alla à Rosario avec le projet d'étudier la philosophie.

Mais, durant une nuit d'insomnie, une édition de l'*Encyclopédie médicale Salvat* lui tomba entre les mains. En feuilletant les fascicules soigneusement reliés, il imagina un organisme immunisé contre toutes les affections connues, adapté à l'évolution des maladies qui deviendraient à la mode et doté du pouvoir de reconstituer n'importe quel organe perdu accidentellement et abrité par une cuirasse épidermique qui le protégerait du vieillissement. Ces propriétés seraient inoculées au fœtus tout au long de sa gestation, suivant des techniques de pointe qu'il définit sur-le-champ avec l'aide du *Dictionnaire médical Larousse* et en vidant une bouilloire de maté[2].

2. Voir la note p. 50.

À la rentrée suivante, il changea d'université. Après de brillantes études au cours desquelles il se spécialisa en gynécologie, il alla se perfectionner à l'étranger. Il participa à des séminaires à l'université Hopkins de Baltimore et à celle de Montpellier. C'est là qu'il rencontra son épouse, une Française qui s'appelait Édith. Il revint à Rosario, s'installa dans un hôtel particulier du boulevard Oroño et, grâce aux relations de sa famille, il se bâtit, en peu de temps, une clientèle de richardes.

Au fil des ans, il participa de plus en plus épisodiquement à la vie mondaine de Rosario. Il cessa d'aller aux fêtes et aux réceptions, il avait de moins en moins de clientes et, un jour, il renonça même à sa chaire de la faculté de médecine. Dans les congrès et les séminaires, où on ne l'invitait plus à la suite de ses refus successifs, ses collègues faisaient courir le bruit qu'Édith en était la cause. À son arrivée, cette femme avait été le point de mire de la haute société de Rosario car elle parlait l'espagnol avec un fort accent français – ce qui faisait très chic. Mais, par la suite, elle manifesta les graves symptômes d'une schizophrénie paranoïde catatonique.

La raison de cet isolement, nous l'ignorions hier mais le savons aujourd'hui, était tout autre : Garcia Laborto était à la recherche de la formule de l'immortalité.

•

Selon les scientifiques, le corps humain est génétiquement programmé pour vivre cent vingt ans, mais pour lui ce n'était pas suffisant. Il passa des étés et des hivers à travailler dans le laboratoire installé au premier étage de sa maison du boulevard Oroño. Quand on visite le laboratoire des époux Curie à Paris ou quand on voit la photo de celui du docteur Leloir[3], qui a été publiée par les journaux le jour de l'annonce de son Prix Nobel, on est surpris du contraste entre la pauvreté de ces locaux et les prodigieuses découvertes qui y ont vu le jour. Le repaire du docteur Garcia Laborto nous aurait plongé dans la même stupéfaction. Discrétion et solitude : telle était sa devise. Il avait la conviction que, s'il exposait son projet au grand jour, on le prendrait pour un savant de bande dessinée.

3. Luis Federico Leloir, scientifique argentin né à Paris en 1908, mort en 1987. Prix Nobel de chimie en 1970.

Cependant, son système avait un talon d'Achille. Un tel organisme ne cesserait d'être matière et pourrait donc être transformé par les forces naturelles : détruit, brûlé, atomisé. Ce détail, que ses détracteurs utilisaient comme principal argument pour dénigrer sa découverte, présentait en fait une subtilité majeure : l'homme que Garcia Laborto imaginait n'était pas éternel, mais simplement immortel. Il faut dire que ses ennemis étaient les scientifiques qui crevaient de jalousie quand les journaux européens désignaient Garcia Laborto comme favori dans la course au Nobel de médecine.

Édith fut la première victime de ses expériences : la femme mourut au bout de sept mois de grossesse avec un monstre dans le ventre. C'est ainsi que, pour poursuivre ses expériences, le docteur s'intéressa aux bonnes à tout faire. Quand la première échoua, il en sélectionna d'autres au cours de tournées qu'il faisait dans les bidonvilles, au volant d'une Mercedes Benz dernier modèle qu'il louait pour l'occasion. Les bonnes l'appréciaient parce qu'il payait mieux que les autres et leur offrait des vêtements, en échange de la requête extravagante de les soumettre à une visite médicale avant qu'elles viennent faire le ménage chez lui. Celles qui n'étaient pas vierges n'avaient aucune chance d'être élues.

On raconte que les deux premières bonnes ont disparu sans laisser de trace. La troisième, assure-t-on, fut trouvée dans un fossé, massacrée à coups de couteau. La quatrième semble être la malheureuse qu'on découvrit dans le Paraná[4], le ventre gonflé d'eau douce. La cinquième fut retrouvée un jour pendue à un ombou[5], comme s'il s'agissait d'un suicide. Le cadavre de la sixième fut dépecé par des chiens errants. Il ne subsiste aucune preuve de ces crimes atroces. Dès que les journaux et les télévisions du monde entier parlèrent du médecin de Rosario et des conséquences stratégiques de son invention, le gouvernement s'empressa, pour calmer l'opinion, de promulguer une loi qui permettait ce genre de crimes, dans la mesure bien entendu où ils se perpétraient au nom de la science.

4. Grand fleuve qui traverse le Brésil, le Paraguay et l'Argentine jusqu'au Rio de la Plata.

5. Arbre géant de la pampa, dont on dit que l'ombre rend fou.

La septième fut l'élue qui porta l'immortel : elle s'appelait Maria et avait dix-sept ans. Ses parents ne s'émurent pas de cette grossesse dont l'auteur était anonyme et, comme ils l'avaient fait avec ses sœurs dans les mêmes circonstances, ils la mirent à la porte. Le docteur, sous couvert de philanthropie, sollicita l'accord du juge des mineurs pour la prendre en charge et il l'adopta légalement. Quand Maria déménagea au boulevard Oroño, elle était déjà enceinte de quatre mois.

Au début, elle avait peur des appareils avec lesquels le docteur contrôlait l'évolution du fœtus et, bien qu'il l'assurât que c'était pour son bien et celui de l'enfant, elle faisait parfois un tel scandale qu'il devait jeter un Lexomil dans son maté. Quand Maria s'en aperçut, elle poussa des hauts cris et mit ses affaires dans une valise en menaçant de s'en retourner dans son bidonville. Pour la retenir, le docteur lui installa la télé couleur dans la salle de consultation. Pendant qu'elle regardait les *telenovelas*[6], il lui écartait les jambes et procédait à ses expériences en toute tranquillité.

6. Feuilletons sentimentaux, dont les épisodes à multiples rebondissements se déploient sur une année entière. Les schémas sont toujours identiques : chassés-croisés amoureux entre riches et pauvres, jeune homme tombant amoureux d'une femme et découvrant qu'ils sont frère et sœur...

•

L'été approchait et avec lui la date prévue de la naissance. La dernière semaine, le docteur Garcia Laborto ne dormit pas, se relevant toutes les heures, alerté par le moindre symptôme. Dans la nuit du 6 décembre, les contractions commencèrent et Maria déménagea jusqu'à la table de travail, face à laquelle le docteur plaça la télé en couleur. Le 7 décembre, à quinze heures trois minutes, au moment même où, à la télé, la jeune fille pauvre apprenait que le riche jeune homme dont elle était amoureuse était son propre frère, l'immortel vint au monde. Dans le cœur du docteur Garcia Laborto se mêlaient la satisfaction de l'artisan qui met la touche finale à son chef-d'œuvre, l'étonnement du scientifique devant un phénomène inédit et la fierté d'être père d'un mâle.

Ils consultèrent le calendrier et l'appelèrent Ambrosio. Quand il fut certain qu'il évoluait normalement, le docteur paya un attaché de presse et organisa une conférence dans un hôtel quatre étoiles du centre de Rosario, dont nous tairons le nom afin de ne pas lui faire de publicité gratuite. Bien que les membres de la presse nationale eussent reçu des invitations dans lesquelles était sommairement expliquée la nature de la découverte, la majorité ne crut pas au prodige scientifique et, le considérant comme un événement à sensation, dépêchèrent les journalistes de la rubrique « Riches et célèbres ». C'est ainsi que le docteur Garcia Laborto se retrouva face à des bellâtres en smoking et des fausses blondes en robe pailletée qui commentaient les derniers mariages entre milliardaires, tandis que les garçons leur servaient des cocktails à ses frais.

Sans céder au découragement, il s'efforça d'expliquer le prodige de la façon la plus pédagogique possible. Il répéta plusieurs fois les mêmes concepts, illustra ses propos avec des planches en couleurs et des diapositives, éclaircit les points obscurs avec des phrases claires. Quand quelqu'un posait une question, il y répondait enchanté, saisissant au vol l'occasion de rompre l'engourdissement général. Les journalistes, repus de petits fours et de champagne, se vautraient dans les fauteuils pour y faire la sieste.

Mais c'est seulement lorsqu'une douzaine de jeunes garçons tapant sur des triangles fit irruption que l'assemblée se secoua. Les intrus étaient vêtus de pantalons de sport et de tee-shirts blancs sur lesquels figurait un triangle doré. Tandis que quelques-uns bloquaient la porte, d'autres maîtrisèrent le docteur Garcia Laborto en criant : « Mort aux hérétiques ! » et « Vive l'Infaillible Trinité ! » Les hurlements étaient si aigus que quelques flûtes de champagne se rompirent dans la bouche même des journalistes qui se mirent à cracher des morceaux de cristal.

L'un des exaltés s'empara du micro pour expliquer qu'ils appartenaient aux jeunes brigades des Mamons de l'Infaillible Trinité et que, ainsi que le stipulait le Livre de feu le révérend Pinchilo, fondateur de l'ordre, c'était une hérésie de créer ce que Dieu n'avait pas voulu créer. Ils avaient pour mission d'éradiquer cette hérésie et de séquestrer le docteur Garcia Laborto, jusqu'à ce qu'il remît les formules mais aussi le nouveau-né, à qui ils donneraient la mort pour prouver au monde qu'il n'était pas immortel. À un moment donné, il y eut du larsen et, alors que tout le monde se bouchait les oreilles, le docteur Garcia Laborto courut jusqu'à une fenêtre poursuivi par les Mamons et les cris des journalistes : « Vas-y, toubib ! », « Garcia Laborto, vieux poilu ! », « Mollis pas ! » Avant de disparaître par les toits, il fit volte-face et adressa un bras d'honneur aux Mamons restés muets.

Sans perdre une minute, le docteur fit monter Maria et Ambrosio dans une camionnette. Ils parcoururent la campagne à la recherche d'un refuge et, cette nuit-là, ils dormirent dans la voiture au fond d'une station-service. Le lendemain matin, le garagiste leur parla d'une ferme à louer. Avant de l'atteindre, ils s'égarèrent dans un dédale de chemins de terre. En dépit de l'état déplorable de la maison, le docteur Garcia Laborto n'hésita pas un instant et conclut l'affaire avec le propriétaire, un *gaucho* rachitique qui accepta sa liasse de billets sans la compter. Ils cachèrent la camionnette dans un hangar, improvisèrent un berceau pour Ambrosio et se lavèrent à l'eau du puits. Ils essayèrent vainement de faire fonctionner un vieux téléviseur en noir et blanc, et durent se contenter d'un transistor.

•

Le lendemain, le portrait du docteur Garcia Laborto faisait la une de tous les journaux du matin. La télévision montrait tour à tour des savants qui polémiquaient sur la crédibilité d'une telle découverte, des autorités en matière religieuse qui discouraient sur ses implications théologiques et des bonnes à tout faire qui profitaient de l'occasion pour dénoncer publiquement les abus fréquents de leurs patrons.

Après sa fuite, le destin du docteur donna lieu à une avalanche de spéculations qui augmentèrent le tirage de la presse à scandale. Le laboratoire de la maison du boulevard Oroño, théâtre de sa fabuleuse découverte, était abandonné. Les Mamons de l'Infaillible Trinité ne tardèrent pas à y faire une descente pour tout détruire. La police regardait de loin, et lorsqu'elle se décida à intervenir, elle fut empêchée par un groupe de manifestants qui tournait le coin de la rue. C'était le Syndicat des pompes funèbres qui manifestait, avec tambours et pancartes, contre le risque de la diminution du nombre de décès, directement due, selon eux, à la découverte du docteur Garcia Laborto.

Un matin, le docteur s'installa dans la cabine téléphonique la plus proche et appela les rédactions, les chaînes de télévision et le ministère de la Santé. Il dicta des communiqués de presse dans lesquels il exigeait le soutien de la communauté scientifique, la protection des autorités et des garanties contre le fanatisme des Mamons. Il réclama un équipement médical spécialisé, assura qu'Ambrosio jouissait d'une excellente santé, mais avertit que la seule nourriture dont il disposait était le lait de sa mère et que ça finirait par se tarir un jour ou l'autre.

L'Union nationale des gynécologues se réunit en assemblée extraordinaire à Buenos Aires pour débattre du problème, mais, après plusieurs heures de discussions enfiévrées, les docteurs se mirent à crier et à faire des gestes obscènes avec le majeur. Le ministre de la Santé était en tournée en Europe et personne n'osait prendre une décision durant son absence.

Pendant quelques jours, les journaux consacrèrent leur une au docteur, mais petit à petit il fut relégué aux dernières pages, pour n'être finalement que l'objet d'un misérable entrefilet de temps en temps. L'affaire resurgit lorsqu'un hebdomadaire révéla que, en plus des Mamons, les agents des services secrets du Liberia étaient sur ses traces. Selon les journaux, les espions qui venaient de débarquer de Monrovia voulaient obtenir la formule de l'immortalité pour l'importer en Afrique.

•

À la ferme, Noël et le Nouvel An arrivèrent, avec la radio comme seule distraction. Après les fêtes, le docteur voulut contacter quelques collègues, mais on était en janvier, la majorité d'entre eux se faisait bronzer aux Caraïbes avec leurs meilleures clientes et, parmi ceux qui restaient, aucun ne voulut se solidariser avec lui. Le ton de ses appels devint pressant et il ponctua son dernier message d'un fatidique : « Je ne peux vous en dire davantage, je n'ai plus de jetons. » Seul et oublié dans sa ferme, il passait son temps à feuilleter une première édition de l'*Encyclopédie médicale Salvat* qu'il avait trouvée dans une armoire poussiéreuse. La santé d'Ambrosio ne présentait aucun signe de détérioration, mais le docteur dut faire face aux crises de la mère qui, tous les jours à la même heure, se plaignait de ne pas pouvoir suivre sa *telenovela* préférée.

Quant aux Mamons de l'Infaillible Trinité, ils ne perdaient pas leur temps. Le haut commandement des révérends implanta aux quatre coins du pays des réseaux de militants qui, sous prétexte de divulguer la doctrine de feu le révérend Pinchilo, avaient pour mission de trouver l'hérétique. Avec l'obstination et l'hystérie qui accompagnent le fanatisme religieux, ils attaquèrent des maternités, tuèrent à coups de triangle une quantité de nouveau-nés qu'ils croyaient être l'immortel et bon nombre d'autres parce qu'ils visaient très mal. Les espions libériens n'avaient rien à leur envier et ils parcouraient la pampa humide, chacun d'eux se faisant passer pour le Noir qui avait perdu la joute oratoire contre Martin Fierro[7] et qui le cherchait pour prendre sa revanche.

Un jour, le docteur Garcia Laborto commit l'imprudence d'aller faire ses courses dans une épicerie-buvette située au bord d'une route nationale. À une table, un Mamon qui sirotait un genièvre reconnut, malgré la barbe, le portrait-robot distribué dans toutes les églises. Il le suivit discrètement jusqu'à la ferme, écouta les pleurs de l'immortel et vit Maria étendre des couches dans la cour. Alors il remercia l'Infaillible Trinité, tomba à genoux en regardant le ciel et entra en transe. Quelques heures plus tard, une voix qu'il prit pour celle de Dieu le réveilla – en fait, c'étaient les aboiements d'un lévrier en chaleur.

Cette nuit-là, les révérends mamons, formant une caravane silencieuse à la tête de laquelle se trouvaient les brigades de jeunes, arrivèrent à la ferme. Ils ne venaient pas seuls : les Noirs du Liberia – arguant une solidarité fraternelle avec l'Internationale mamonnière – et les gens du Syndicat des pompes funèbres s'étaient joints

7. Personnage d'une épopée en vers écrite au XIXe siècle par José Hernández. Un *gaucho* de la pampa raconte sa vie de marginal en s'accompagnant de sa guitare. Martin Fierro est devenu un mythe national, connu de tous en Argentine. Au cours d'une de ses aventures, il dispute une joute oratoire contre un homme noir et remporte l'épreuve.

à eux. En les entendant s'approcher, le docteur Garcia Laborto crut qu'il s'agissait de voleurs de bestiaux. Quand il perçut le bruit des triangles, il secoua Maria pour la réveiller et alla mettre en marche le moteur de la camionnette, mais il était déjà trop tard.

La foule des Mamons, telle une armée de termites après une quarantaine, détruisit tout sur son passage. Le docteur Garcia Laborto oublia l'enfant et sa mère et se soucia uniquement d'échapper au lynchage qu'ils lui réservaient. Les Mamons le poursuivirent dans toute la maison, sur les toits, dans la cour, jusqu'à le coincer près du puits dans lequel il sauta. Deux croque-morts se portèrent volontaires pour descendre le chercher, mais la peur du noir leur fit faire demi-tour. Finalement, l'un des révérends décida que le jeu n'en valait pas la chandelle et que, s'il ne s'était pas noyé, ce trou ne pouvait que le mener à un enfer bien mérité. Ceux des pompes funèbres n'apprécièrent guère la chose, car ils avaient pensé organiser un enterrement spectaculaire pour qu'il passe à la télé et leur fasse une bonne publicité.

Ils conçurent pour le nourrisson un châtiment exemplaire destiné aux futures générations d'hérétiques : ils imbibèrent ses couches de kérosène, l'accrochèrent en haut du moulin et y mirent le feu. Tandis que le vent dispersait ses cendres à travers champs, les Mamons en transe psalmodiaient des cantiques du répertoire religieux composés par feu le révérend Pinchilo. Ils laissèrent la vie sauve à Maria à condition qu'elle jurât de se convertir à l'Infaillible Trinité et de consacrer le reste de sa vie à faire le ménage dans leurs temples.

Saluant le soleil qui se levait, les Mamons s'éloignèrent au son des triangles. En chemin, ils croisèrent la bande de journalistes qui arrivaient en courant. Les paparazzi trouvèrent un paysage désolé : de la maison principale, il ne restait que des décombres, les arbres n'étaient plus que torches calcinées, et le réservoir d'eau ressemblait à un cratère lunaire. Pendant plusieurs jours, on put voir, à des kilomètres à la ronde, s'élever une colonne de fumée.

Le docteur Garcia Laborto eut de la chance : le puits donnait sur une galerie souterraine, de celles, si nombreuses, que les patriotes combattant les troupes royalistes creusèrent au début du siècle dernier. Il la parcourut sans rien voir pendant des heures, s'évanouit plusieurs fois, perdit la notion du temps, jusqu'à ce qu'une lueur apparût au lointain. La galerie débouchait sous un pont de chemin de fer. Il longea les voies et arriva à une gare désaffectée où il resta quelque temps.

Il passa ces semaines à imaginer son avenir et à se remémorer son enfance.

Enfin il se décida à sortir de son refuge. Il erra sur les chemins durant des mois, dépendant de la charité pour manger et dormir. Comme le Syndicat des pompes funèbres avait fait une cagnotte et mis sa tête à prix, il ne revint pas à Rosario et évita les grandes villes. Il se laissa pousser les cheveux, se vêtit de vieilles frusques et profita de son expérience de médecin pour devenir guérisseur. Il se rendit célèbre sous le nom de Don Lupo. Quand il en eut assez de parcourir les villages, il s'aventura dans les environs de Rosario. Un jour, il rencontra Maria, se repentit de ce qu'il lui avait fait, pleura convulsivement dans ses bras et s'en alla vivre à Esperanza avec elle.

Dans une bicoque qui servait à la fois de maison et de cabinet, entouré de fioles et d'herbes séchées, de vers solitaires et de crapauds dans le formol, Maria lui servant de secrétaire, le docteur Garcia Laborto se mit à guérir les indigestions, les insolations et le mauvais œil tout au long de son interminable vieillesse. Mais il finit lui aussi par mourir, parce que, comme l'avait dit un célèbre anthropologue à la télévision, le jour où le docteur s'était enfui à travers champs avec Maria et Ambrosio : personne n'échappe à la mort, ni les dieux ni les hommes.

La vierge qui vomissait

Lorsqu'il rencontra Mariana, Félix avait vingt-deux ou vingt-trois ans, tout au plus vingt-quatre, car à cet âge, selon des sources dignes de foi, il était déjà au séminaire. Mais auparavant, il faisait des études, menait déjà une existence d'ascète et vivait chez ses parents. Il était le fils unique d'un maçon qui travaillait douze heures par jour et d'une couturière diplômée. Il demeurait accroché aux jupons de sa mère, qu'il ne quittait que pour aller aux soirées de l'Institut où il préparait son concours d'instituteur, ou passer les après-midi en bibliothèque. Il lisait la *Patrologie grecque et latine* de l'abbé Jacques Paul Migne, l'Ancien et le Nouveau Testaments, et les vies de saints de toute sorte.

Je fais allusion, cela va sans dire, à Félix Beato, ce curé qui, après une fulgurante carrière ecclésiastique dont on a tant parlé, devint le premier pape argentin. Je vais vous raconter son premier amour, à Santa Fe de la Vera Cruz[1],

1. Littéralement : « Sainte-Foi-de-la-Vraie-Croix », ville située au centre de l'Argentine.

sa ville natale. Je veux vous montrer comment, avant d'être la figure charismatique, hiératique et médiatique qu'il est aujourd'hui, notre Saint-Père, pendant sa jeunesse, aux dernières années du XXe siècle, est tombé amoureux comme le dernier des hommes.

•

À Santa Fe, le jour du 21 septembre est l'occasion de faire la fête pour tous les puceaux et les pucelles de la ville. On célèbre, par une association facilement déchiffrable, le retour du printemps, la fête de la jeunesse et le jour des étudiants. C'est ainsi que, la veille, tous les jeunes se retrouvent dans les paroisses des quartiers, afin de prier pour que le temps ne soit pas mauvais. Si jamais le 21 éclate une tempête, personne n'ose interpréter cela autrement que comme un châtiment divin. Et le dimanche suivant, pendant la messe, puceaux et pucelles tremblent en écoutant le curé qui, depuis sa chaire, demande en criant à chacun de faire son *mea culpa*, et mettre fin à la décadence indigne d'une ville portant un tel nom.

Il se trouve que cette année-là il fit beau, et le matin du 21, les groupes de jeunes envahissaient les parcs, prairies et autres espaces verts des quatre points cardinaux de la ville. Certains disent que la rencontre de Félix et Mariana eut lieu lors du pique-nique organisé par l'Institut, tandis que d'autres affirment qu'elle se produisit à celui de la paroisse Santa Rita. Tous sont de bonne foi, et il est vrai que les deux pique-niques avaient un point commun : ils se déroulaient au bord du fleuve Paraná, et non pas en ville ou à l'intérieur des terres. C'est ainsi que, si l'on combine le marron fauve du fleuve et le bleu patriote du ciel[2] et que l'on peint ensuite quelques taches d'îles et une végétation épuisant la gamme du vert, sans oublier le chant de toutes sortes de petits oiseaux, on obtient le cadre de la rencontre. Un cadre sauvage, un tantinet idyllique, mais surtout primitif : sans raccourci ni perspective aérienne.

2. Le drapeau argentin est de couleur bleu ciel.

Les filles, les têtes couronnées par des marguerites accrochées aux cheveux, dépliaient des nappes quadrillées sur la pelouse, ouvraient des paniers en osier, et fredonnaient les chansons en vogue du moment. Celles qui se destinaient à enseigner en école maternelle chantonnaient les versions en espagnol de *Frère Jacques*, *Sur le pont d'Avignon* et *Malbrough s'en va-t-en guerre*. Les étudiantes de l'Alliance française rivalisaient avec celles de l'English Institute en beauté nordique, en tenues de printemps-été à la mode parisienne ou londonienne, et en petit ami viril avec moto japonaise.

Quant aux garçons, certains jouaient à préparer une grillade aussi bonne que celle de papa, d'autres organisaient des tournois de *cabecitas*[3], ou bien ils se soûlaient avec du vin en *tetra-brick* acheté en vrac au supermarché. Félix, cela va sans dire, était l'exception. Il avait apporté un bloc de feuilles vierges, une trousse de crayons et une gomme, et s'était installé pour faire les portraits des jeunes filles en fleur. Elles faisaient la queue pour lui, certaines lui promettaient des gentillesses pour qu'il s'appliquât à soigner tous les détails, et cela suffisait pour que les autres garçons le traitassent, à haute voix et sans vergogne, de pédale.

3. Courts matchs de football où l'on joue uniquement avec la tête, par équipes de deux.

Félix faisait asseoir les filles sur un tabouret, et elles retenaient leur respiration, comme pour une photographie dont le temps d'exposition serait un peu plus long que d'habitude. Certaines hésitaient à enlever les lunettes, et Félix devait leur expliquer que, pour lui, ça ne changeait rien : ce qui comptait c'était si oui ou non elles se voyaient avec des lunettes dans un portrait. Puis Félix plaçait la fille selon l'ombre portée qui la flattait le mieux, en faisant tourner le tabouret ou en tournant lui-même sans tabou. À la fin, la fille, surprise du résultat, parfois même exaltée, contemplait son portrait, en faisait un rouleau et partait avec, trop heureuse de découvrir qu'elle pouvait être le sujet d'un objet artistique.

Mariana fut un de ces modèles, aussi inexpérimentée, volubile et enjouée que les autres. Félix ne l'aurait pas repérée (des filles mignonnes, il y en a à Santa Fe, il suffit de se promener à la tombée du jour au centre-ville) si ce ne fut à cause d'un incident atmosphérique. Il avait dessiné les contours du visage, puis un œil et la moitié de l'autre, quand, par œuvre du ciel, un orage éclata. Les filles coururent se protéger à l'abri des arbres, à l'arrière des voitures, sous les épaules des petits copains. Couvrant avec son corps le bloc de feuilles vierges, Félix fila vers un point cardinal opposé à celui de Mariana.

Quand l'orage partit vers d'autres ciels, Félix mit du temps à la retrouver, la couronne de pétales détrempée et les joues humides de pluie. Mais c'était trop tard pour continuer, Mariana devait ranger ses affaires et rentrer avec ses copines. Il tenait à finir son portrait, et réussit à lui arracher un rendez-vous quelques jours plus tard, chez elle, un samedi précisément, quand ses parents seraient à la maison. Ils se quittèrent, mais Félix conserva longtemps l'écho de sa voix. Il était enchanté par son air si naturel : on aurait dit qu'elle n'avait jamais été touchée, salie, souillée, ternie ou simplement utilisée.

•

La ponctualité est la courtoisie des rois, et Félix, devançant son destin, fut ponctuel. Mariana l'attendait, à peine levée de la sieste. Elle prenait du maté[4] avec ses parents et ses sœurs sur la véranda du jardin. On en proposa à Félix qui refusa, obéissant à une règle inculquée par ses parents : on n'accepte pas de boire le maté chez les gens car on risque d'attraper des saloperies. Le maté fini, Félix et Mariana se mirent au travail sur la véranda. Les parents partirent vers une pièce éloignée de la maison, tandis que les deux sœurs, Maria Susana la dernière et Maria Juana l'avant-dernière (toutes les deux étaient plus petites que Mariana), restèrent pour voir le jeune artiste à l'œuvre.

4. Voir la note p. 50.

Cette fois-ci, sans la queue de jeunes filles attendant leur tour, Félix prit le temps nécessaire pour que le portrait soit le plus ressemblant possible. Quand les petites sœurs en eurent assez de le regarder manier le crayon, elles arrêtèrent de tourner autour comme des mouches et filèrent jouer ailleurs. Seuls tous les deux sur la véranda, le silence régnait. De temps en temps, elle ouvrait la bouche pour dégager une mèche rebelle de ses lèvres. Félix ressentait la jouissance de l'avoir pour lui tout seul, et chaque trait dessiné était une caresse. Sans s'en rendre compte, il était tombé amoureux.

Finalement, il lui dévoila le portrait achevé. Mariana courut vers les pièces tout au bout de la maison pour le montrer à ses parents. Ceux-ci, aussi enchantés qu'elle, manifestèrent leur admiration par des tapes sur l'épaule du jeune artiste. Mariana voulait faire encadrer le dessin et l'accrocher dans sa chambre, mais sa mère avait déjà fait une place dans la salle de séjour, au-dessus du sofa, entre les *boleadoras*[5] de luxe et la pendule à coucou de Villa Carlos Paz[6].

Comme Mariana insistait pour remercier Félix à tout prix, il finit par lui demander de poser encore pour lui : il avait toujours eu du mal à trouver des filles de bonne volonté et, en plus, dont les traits du visage auraient mérité d'être reproduits. Ainsi, après avoir obtenu la permission de ses parents à elle, sous réserve de la permission de ses parents à lui, ils fixèrent rendez-vous pour le samedi suivant, même heure, même lieu, mêmes intentions.

5. Armes à lancer utilisées jadis par les Indiens Pampas : il s'agit de trois pierres reliées entre elles par des courroies en cuir.

6. Ville du centre de l'Argentine, dans une région de montagnes, destination touristique de la classe moyenne ; on y fabrique des pendules à coucou.

•

Chaque samedi, avec la ponctualité d'une montre de garde suisse, Félix frappait du bout des doigts la porte de Mariana. Après avoir salué un à un tous les membres de la famille, il suivait Mariana pour aller s'installer avec elle à la véranda, dans la cour ou dans sa chambre, selon le temps et son humeur à elle. Les premières fois, il fit timidement des portraits au crayon. Ensuite, il commença à colorier ces esquisses avec de l'aquarelle, maniant le pinceau avec de plus en plus d'audace. Finalement, il osa faire des aquarelles sans dessin préalable, jetant les couleurs avec hardiesse, maître et seigneur de la feuille blanche.

Ils bavardaient beaucoup : c'était une tactique de Félix pour qu'elle ne s'ennuyât pas. Ils faisaient du commérage sur le peu d'amis qu'ils avaient en commun, ou bien se relataient les derniers accidents de la route – toutes les semaines il y a des morts et des estropiés à Santa Fe –, quand ils ne comparaient pas les mérites des curés des différentes paroisses. D'autres sujets de conversation étaient les cours de catéchisme *ad honorem* qu'elle donnait à Santa Rita, et son poste de secrétaire médicale au centre-ville. Elle travaillait chez un dermatologue qu'elle admirait beaucoup : comment pouvait-il être si jeune et déjà docteur, et savoir tant de choses tout en étant en plus tellement mignon ?

Félix lui raconta un jour qu'il rêvait de voyager pour visiter les sanctuaires du monde entier, et faire des aquarelles de vraies Vierges : celle de Lourdes, celle de Fatima au Portugal, la Vierge noire de Montserrat en Catalogne, et tant d'autres encore.

Sans aller aussi loin, il voulait revoir celle de Lujan, près de Buenos Aires, ainsi que celle d'Itati, à Corrientes : il y était allé avec ses parents, mais il était trop petit et il ne se rappelait pas grand-chose. Il comptait aussi visiter un jour, en humble pèlerin, les Vierges qui pleurent comme celles de Brescia, Ancona et Pistoia, en Italie ; la Vierge qui donne du lait à Saint-Bernard, en France ; et achever son voyage européen à Moscou pour voir, au Kremlin, la Vierge qui saigne.

Un samedi, quand Félix frappa à la porte et que les deux sœurs vinrent lui ouvrir, il remarqua leurs yeux brillants et leur difficulté à se retenir de rire. Félix se demanda quelle grande bêtise les petites étaient en train de manigancer, et ses soupçons se confirmèrent quand il apprit que les parents étaient absents. Mariana l'attendait dans sa chambre, et les petites le poussaient à travers la maison pour qu'il aille l'y rejoindre. Placées l'une et l'autre de chaque côté de la porte, elles l'ouvrirent lentement, jusqu'à ce qu'il pût voir Mariana, encadrée dans l'embrasure.

Elle était debout sur un tabouret, pieds nus, immobile. Ses yeux regardaient sans expression le parquet, son visage était impassible, sa bouche était entrouverte. Elle soutenait un poupon en plastique de la main gauche, tandis que, dans l'autre main, elle avait un chapelet. Elle était habillée en rose et bleu ciel : c'était l'accoutrement de Maria del Rosario, la Vierge apparue à San Nicolas, province de Buenos Aires, ville natale, soit dit en passant, de l'auteur de cette humble chronique.

Alors Félix sortit sa collection d'images pieuses et la montra à sa mère, pour qu'elle confectionnât les habits de toutes ces Vierges qu'il rêvait de connaître. Chaque samedi, Mariana prenait la pose et portait l'accoutrement de l'une d'entre elles, mimant les gestes extatiques, les positions douloureuses, les regards vides. Félix prenait du plaisir à donner la dernière touche à la disposition du vêtement, avec ce goût pour les épingles dont on parlerait tant plus tard, quand il serait le premier pape à commander ses robes aux grands couturiers de Milan, arguant que la haute couture nous rapproche des sphères célestes. Et Mariana faisait son apparition dans la cour sous les yeux ébahis de sa famille, de ses voisins, des proches parents qui venaient exprès pour l'admirer, entraînant à leur tour leurs propres voisins. Elle était Notre-Dame-du-Potager, elle était Notre-Dame-du-Bon-Secours, elle était tour à tour la Vierge de la Paix, celle des Douleurs, celle de la Miséricorde, celle de la Merci. Elle était la Vierge de Santa Fe de la Vera Cruz.

•

La fin de l'été approchait et, comme toujours à cette époque, le diocèse organisait un tournoi de football interparoissial. La coupe Saint-Pierre était un tournoi éclair qui, s'il n'y avait pas d'orage, se déroulait pendant un week-end dans un club homonyme situé en proche banlieue. Félix voulait jouer dans l'équipe de Santa Rita, et le séminariste qui les entraînait, connaissant sa nature pacifique, le plaça d'emblée comme gardien de but.

Grâce aux manigances habiles des attaquants, au conservatisme des défenseurs, aux bons réflexes de Félix dont on parlerait tant des années plus tard, quand il réussirait à esquiver les balles des indépendantistes piémontais lors de sa visite à Turin, et surtout grâce à Santa Rita, à qui ils dédiaient une courte prière avant chaque match, l'équipe arriva en finale du tournoi. J'ai failli oublier quelque chose : il faut rendre grâce, aussi, à l'enthousiasme de sa *hinchada*[7], animée par Mariana, parée des attributs de la sainte protectrice.

7. Groupe organisé de supporters d'un club de foot.

Sous un faible soleil de fin d'été, en présence du clergé dans la tribune d'honneur, Félix et les siens disputèrent un match mémorable contre l'équipe de la paroisse Santa Marta. Ils coururent comme des miraculés derrière le ballon, ils défendirent leur terrain bec et ongles, ils déployèrent une tactique irréprochable, mais, quand le jeune séminariste qui faisait l'arbitre donna le coup de sifflet final, ils perdaient six à zéro. Six buts marqués par le même joueur : un ailier gauche diablement doué, dissimulé sous un maillot de milieu de terrain, qu'on appelait German, ou, plus affectueusement, le « *Negro*[8] German », et que Félix n'avait jamais vu auparavant.

Félix quitta le terrain en se cachant la figure pour qu'on ne remarquât pas ses larmes, même si, bien des années plus tard, il n'hésiterait pas à mettre à l'index le tango qui prétend qu'un vrai homme ne doit pas pleurer[9]. Grâce à Mariana, qui vint gentiment le consoler dans les vestiaires, il put se reprendre pour recevoir, avec ses coéquipiers, la médaille de la deuxième place. Ils eurent droit aussi à une petite coupe, qui servit de calice pour la messe de la paroisse, le dimanche suivant. Après la remise des prix, les deux équipes firent le tour du terrain ensemble, sous les applaudissements de la petite foule et les regards indulgents du clergé qui secouait la poussière de leurs soutanes. Et cette nuit-là, gagnants et perdants, garçons et filles, tirés à quatre épingles, se rencontrèrent dans un salon de thé du centre-ville.

Félix avait retrouvé le bonheur, mais il le perdit aussitôt en découvrant, à l'autre bout du

8. *Negro* : terme familier utilisé ici sans connotation péjorative.

9. En Argentine, les paroles des tangos sont aussi importantes que la musique : c'est une sorte de poésie populaire.

salon, Mariana qui bavardait avec German. Il lui montrait la médaille de meilleur buteur du tournoi, et elle le regardait, les yeux brillants d'admiration, comme si l'objet précieux avait été lui-même, et non pas la pièce en bronze qu'il portait au cou. C'était la première fois que Félix ressentait de la jalousie, et découvrait que l'amour, pour être complet, doit être réciproque.

•

Il trouva un peu de consolation en lisant Boèce mais, une semaine plus tard, il eut une autre surprise. Dimanche soir, il se promenait à vélo en ville, histoire de se détendre. Il était presque minuit quand il passa devant *Castel Sant'Angelo*, la boîte de nuit qui était alors à la mode à Santa Fe. C'était la fermeture, et, au milieu des jeunes qui, motivés par une détermination génétique, venaient de se défouler sur la piste de danse pour ensuite former à nouveau une foule compacte dans la rue, Félix crut voir, main dans la main, Mariana et German.

Il n'osa pas faire demi-tour tout de suite, mais, pour vérifier que ses yeux ne le trompaient pas, il fit à toute vitesse le tour du pâté de maisons, avec cette adresse, cette puissance, cette maîtrise du vélo dont on parlerait tant plus tard, quand il serait le premier pape à vaincre le Tour d'Italie. Quand il acheva le tour complet, il se dissimula sous le porche d'un immeuble et, de loin, il vit ce couple, qu'il croyait être Mariana et German, s'acheminer vers un arrêt de bus, puis se fondre dans la foule qui attendait. C'était la ligne qui passait près de chez elle, et cela voulait dire qu'il la raccompagnait.

Deux bus arrivèrent en même temps, s'arrêtant à petits coups de freins. Les portes s'ouvrirent pour laisser monter la horde de jeunes qui, décervelés par l'ouragan de décibels, revenaient gentiment chez eux – où maman et papa, dans la pénombre de leur chambre, couchés dos contre dos dans leur lit, guettaient le « clic ! » de la porte d'entrée pour s'endormir en paix. Tout était allé trop vite, les jeunes se bousculaient pour monter, et Félix ne put repérer le bus dans lequel monta le couple. Par des boulevards sales, déserts et mal éclairés, dignes d'un évangile apocryphe, Félix suivit les bus de près. Quand l'un des deux s'arrêtait à un coin de rue[10], il restait aux aguets : il suivrait Mariana si jamais elle descendait, ou, dans le cas contraire, il démarrerait derrière l'autre bus pour ne pas rater un seul arrêt. Par bonheur, les deux bus s'arrêtèrent à proximité de la maison de Mariana. Par malheur, elle ne descendit pas.

10. En Argentine, les bus n'ont pas d'arrêts fixes, mais peuvent s'arrêter à la demande des passagers.

C'était crevant de pédaler à ce rythme-là, avec des accélérations et des ralentissements. Quand les bus arrivèrent au terminus et que les derniers passagers descendirent, Félix, voyant qu'il n'y avait toujours pas de Mariana ni de German, s'effondra sur la pelouse. Il était à bout de souffle. Il se leva, étira haut les bras, remplit son thorax d'air froid pour reprendre petit à petit le contrôle de son corps palpitant. Les poumons et les muscles se détendirent et son regard put faire le tour du lieu où il se trouvait. Une pelouse humide, un terrain vague, une école abandonnée, et personne dans les parages. J'exagère : il y avait les deux chauffeurs de bus, un peu plus loin : l'un remplissait un formulaire et comptait des billets, l'autre était en train de pisser derrière un arbrisseau.

•

Les jours suivants, Félix établit des contacts discrets avec des assidus de la paroisse Santa Marta, avec ce don pour la diplomatie dont on parlerait tant plus tard, quand, déjà investi du titre de souverain pontife, il éviterait la guerre entre le Chili et la Bolivie pour un penalty injustement sifflé lors d'un match amical. Il put ainsi apprendre deux ou trois choses sur German : celui-ci ne fréquentait pas la paroisse, et n'habitait même pas le quartier, mais un lointain bidonville. Les jeunes de Santa Marta étaient allés un jour porter des vieux habits et des médicaments périmés aux pauvres d'esprit, et ils le virent jouer au foot dans un terrain vague. Ils furent impressionnés par ses dribbles et son talent d'attaquant dont on parlerait tant plus tard, quand il serait le premier buteur au championnat de première division italienne, portant le maillot du Vatican, équipe que Félix serait le premier pape à soutenir. Ils l'engagèrent sur-le-champ, contre la promesse d'une grillade et de deux litres de vin rouge. German, qui était sans emploi, vivait dans une cabane avec sa nombreuse famille et passait ses journées à jouer au football, accepta mais à une condition : porter le maillot numéro six, parce que ce chiffre était son porte-bonheur.

Ce samedi-là, quand Félix arriva chez elle, Mariana était mélancolique, abattue même, elle semblait être ailleurs. Elle parla vaguement des fêtes de mariage auxquelles elle avait été invitée ces derniers temps : une série de bouffes, nuits blanches et danses frénétiques jusqu'au petit matin qui l'avaient épuisée. Mais, sept jours plus tard, son état avait empiré, et elle ne voulut pas poser, arguant qu'elle était indisposée. Alors il sortit de son cartable un appareil-photo jetable pour prendre quelques clichés. Elle s'y opposa encore mais il la supplia, il ferait au plus vite, à peine un cinq centième de seconde, là dans la cour même pour ouvrir grand l'obturateur, tellement elle était belle habillée en Vierge des *gauchos*[11]. Elle accepta de poser appuyée contre un figuier, mais, avant qu'il finisse la pellicule de douze expositions, elle pâlit, son visage exprima à la fois le rire et la souffrance dans un rictus monstrueux, sa main s'accrocha au tronc du figuier et elle rejeta par la bouche de façon spasmodique son repas de midi.

11. Les *gauchos* sont des bergers chargés de surveiller les troupeaux, sortes de cow-boys de l'Amérique du Sud.

Une semaine plus tard, quand il revint la voir avec les photos développées et que les deux petites sœurs l'accueillirent, elles portaient des tabliers d'infirmière et l'index aux lèvres. Il demanda si c'était grave, mais les filles ne répondirent rien, et l'amenèrent sur la pointe des pieds jusqu'à la chambre de Mariana. Elle était au lit, et sa mère, assise sur le bord, lui offrait un plateau avec du thé et des madeleines. Quand elle aperçut Félix, la mère se mit à lui vomir des choses qu'il n'avait jamais entendues : elle le traitait d'obsédé, de dégénéré, elle lui affirmait qu'il était en proie à une idée fixe, atteint d'anomalies congénitales graves par-dessus le marché. La voix opaque de Mariana la calma peu à peu : Félix n'avait rien à voir avec cette histoire, elle l'avait déjà répété mille fois. La mère finit par remporter le plateau et sortir de la chambre, avec une tête d'enterrement, ses deux autres filles lui faisant cortège.

Quand ils furent seuls tous les deux, Mariana lui demanda, en retenant ses larmes, s'il l'aimait comme une amie ou comme une femme. Debout à un coin de la pièce, Félix lui affirma qu'il l'aimait tout court, de tout son cœur, et que sa vie était un carnaval quand elle était là. Alors Mariana lui demanda s'il avait développé les photos qu'il avait prises d'elle. Il sortit une enveloppe et s'assit sur le bord du lit, dans le creux tout chaud laissé par la mère. Elle contempla les clichés un à un, à la fin esquissa un sourire, et lui demanda à brûle-pourpoint de deviner ce qui lui arrivait. Comme il mettait du temps à répondre, elle lui révéla qu'elle était enceinte.

Félix eut besoin de plusieurs minutes pour arrêter de trembler, se reprendre, et pouvoir lui demander, en bégayant, le nom du père. Elle pointa son doigt vers le haut, il regarda le plafond, et elle pointa alors son doigt vers le coin supérieur de la fenêtre, mais comme son regard à lui s'accrochait dans le fil à étendre le linge qui traversait la cour, elle avoua que le père de l'enfant était au Ciel. Félix lui demanda depuis quand il était mort, et elle éclata en sanglots avant de lui lancer qu'aucun homme sur Terre ne l'avait jamais touchée, qu'elle avait seulement embrassé, peut-être avec trop d'ardeur, l'image du Christ Notre-Seigneur sur sa croix, et que, en conséquence, le père ne pouvait être autre que Lui.

Sans rien dire, conscient que les miracles se passent de paroles, Félix se leva pour aller se poster à l'autre bout de la pièce. Assise contre le dossier du lit, Mariana, vue de là, était comme nimbée d'un halo, ou c'était peut-être la sueur provoquée par une trop grosse couverture. Elle tenait son visage dans ses mains trempées de larmes, puis posa son regard vers lui. Quand leurs yeux se croisèrent, il s'approcha, se mit à genoux, et lui proposa de prier ensemble. Ils récitèrent le *Pater Noster*, l'*Ave Maria*, le *Credo*, le *Mea culpa*, le *Sine qua non*, j'abrège : le chapelet de bout en bout, sans oublier la prière à Notre-Dame-de-la-Maternité, telle qu'elle figurait sur l'image qu'une âme pieuse avait laissée là, accrochée à la lampe de chevet.

•

Mais la nuit, dans sa propre chambre, couché dans son lit, essayant vainement de s'endormir, Félix eut des doutes. Le vrai père pouvait bien être un amour de passage, ou même pire, le fruit d'un rapport inavouable. Cela n'aurait pas été la première ni la dernière fois qu'une demoiselle de Santa Fe aurait eu recours à un tel subterfuge pour éviter le déshonneur. Mais Mariana n'avait jamais fait référence à quelque petit copain que ce soit, et Félix n'avait jamais vu chez elle un seul cousin, ni de voisin trop collant ; quant au père, il n'avait pas l'air d'un homme à l'humeur fantasque.

Un seul nom émergeait du nuage diffus de sa jalousie : le *Negro* German. Plus il y pensait, plus il y croyait, et plus encore il perdait le sommeil. Il voyait German entrer en pleine nuit comme un vandale dans la chambre de Mariana – peu importait si elle avait été consentante ou pas, le résultat étant le même. Il se disait que tout chez German s'opposait à lui : le buteur du bidonville avait un prénom germanique, et vivait dans la périphérie de Santa Fe, comme les barbares qui, dans l'Antiquité, peuplaient les bords de l'Empire romain ; alors que lui, il habitait près du centre-ville, et s'appelait Félix Beato, le sang latin palpitait dans chaque lettre de son nom.

Énervé, il s'assit au bord du lit, et ses pieds grincèrent au contact du carrelage froid. Il continua ses élucubrations. Le païen, qui portait le maillot numéro six, lui avait marqué six buts : le chiffre de la Bête. En plus, on le surnommait le *Negro*. Il en conclut que, si jamais l'enfant qui grandissait dans les entrailles de Mariana n'était pas, comme elle le prétendait, le fils du Christ mais celui de German, alors la créature était en réalité le fils du Démon. Dans cette contrée d'un pays de troisième zone, comme l'était Bethléem à son époque, il allait être témoin d'un fait prodigieux, et la controverse s'était ouverte dans son esprit : soit la naissance d'un nouveau Christ, soit la naissance de l'Antéchrist.

C'étaient, je le rappelle, les dernières années du XXe siècle : on ne comptait pas encore deux mille ans à partir de la Nativité à Bethléem, mais Félix savait très bien que la date exacte n'est toujours pas établie par les historiens, elle varie de quelques années autour de l'an zéro. Cela signifiait que le deuxième millénaire de la venue de Dieu fait homme pouvait bien se célébrer cette année-là, au mois de décembre, neuf mois après la coupe Saint-Pierre, ce maudit tournoi éclair où Mariana aurait eu le coup de foudre.

Il alluma la lampe de chevet, se lava, se regarda dans une glace et décida qu'il réfléchissait un peu trop et qu'il lui fallait prendre l'air. Il sortit de sa chambre, en passant devant la porte ouverte de celle de ses parents : le maçon et la couturière ronflaient dos contre dos, indifférents à ses tourments. Il arriva à la cuisine, et réchauffa un peu de lait. D'après sa grand-mère qui était guérisseuse, il n'y avait rien de mieux qu'un verre de lait tiède contre l'insomnie.

Il se rendit au jardin. Sirotant son verre de lait dans la pénombre, quelque peu oppressé par le poids des étoiles dans le firmament, il continua son exégèse. Il y avait une façon de se débarrasser du problème, une façon immorale et, de surcroît, illégale, à laquelle il n'aurait jamais songé auparavant : il voyait avec antipathie et dégoût les médecins qui s'enrichissaient ainsi, imposant des prix qui variaient selon la tête du client. Mais son cas était exceptionnel : il s'agissait d'un fils du Démon, d'un incube plus exactement. Le Diable avait pris la forme d'un buteur de bidonville pour ensemencer une jeune ingénue qui rêvait de se marier habillée en blanc, dans une belle paroisse, avec un jeune médecin.

Mais il doutait : si jamais il se trompait ? s'il envoyait au casse-pipe un fils de Christ Notre-Seigneur ? Il se dit que Dieu le pardonnerait, parce qu'Il connaîtrait ses intentions. Et de toute façon, si c'était le cas, l'embryon résisterait au bistouri, ce qui serait une preuve irréfutable de sa nature divine. Il eut une autre idée : l'enfant pouvait aussi bien être le sien. Il ne savait pas comment on fait l'amour, et, en conséquence, il aurait pu commettre un acte inconscient et devenir papa sans faire exprès. Ce qui ne l'arrangeait pas non plus.

Il prit une journée de répit avant de retrouver Mariana pour lui exposer ses doutes. Durant toute la journée, qu'il passa le ventre vide, il fit à vélo une sorte de retraite spirituelle et itinérante. Pour se reposer de temps en temps, il s'arrêtait devant une église et rentrait s'asseoir sur un banc, dialoguer avec Dieu ou lire un passage dans son édition de poche des *Confessions* de saint Augustin. Plus d'une fois il eut la tentation de faire la queue derrière les petites vieilles et demander conseil à un confesseur, surtout à la paroisse Santa Rita où il aurait pu parler au père Stroika, un curé moderne et ouvert d'esprit qui était son confesseur habituel. Mais il se répéta que, au fond, tout ce qu'il aurait pu lui raconter n'était qu'une poignée d'hypothèses, et qu'il fallait d'abord agir, pour ensuite assumer les conséquences, devant Dieu, la justice humaine, et les confesseurs du monde entier. Il aurait voulu s'endormir et rêver de Jésus venu le visiter pour lui porter conseil. Ou, mieux encore, entendre quelque voix d'enfant chantonner : *« Prends et lis ! Prends et lis ! »* Il aurait ouvert son livre au hasard, et aurait trouvé l'apaisement à ses tourments.

•

Et j'arrive ici à la dernière station de ce calvaire argentin, le récit du premier et unique amour connu de Félix Beato, jeune assoiffé d'eau bénite qui deviendrait le souverain pontife le plus hétérodoxe de l'histoire, et qui, en duplex depuis le Vatican, nous guide avec autant de rigueur que d'amour.

•

Il est très tôt, un matin d'automne, quand il traverse Santa Fe à vélo. Il arrive chez Mariana. Il pose sa bicyclette contre le seuil de celle qui n'allait plus jamais poser pour lui. Il frappe à la porte, et fait un effort surhumain pour montrer une expression proche de l'ataraxie. La mère de Mariana vient lui ouvrir, un peu endormie encore, un sourire ambigu aux lèvres, et l'accompagne jusqu'à la chambre de sa fille aînée.

Il n'est pas surpris de la trouver encore au lit, puisqu'il n'est pas sept heures. Elle, en revanche, est surprise de le trouver là, debout à l'entrée de sa chambre, alors que l'on n'est pas samedi. Elle paraît apaisée, comme sortant d'un beau rêve. Lui, les cheveux ébouriffés, le visage pâle, a l'air de quelqu'un échappé d'un cauchemar.

Elle lui demande : « Tu l'as appris par quelqu'un, ou t'es venu comme ça ? »

Il lui répond : « Je ne viens jamais te voir par hasard. »

Elle lui dit : « Je me suis évanouie quand j'ai vu le sang. Je n'aurais jamais imaginé qu'une perte serait une chose si violente. »

Il lui dit : « Tu ne m'as pas perdu, je suis là avec toi. »

Elle lui dit : « Je ne veux pas de tes homélies, par pitié. J'ai la migraine et l'estomac tout retourné. »

Il lui dit : « Tu crois peut-être que je ne souffre pas ? Il faut que je te parle, j'ai pris une décision qui nous concerne tous les deux. »

La mère fait irruption et dit : « S'il te plaît, laisse-la se reposer. Elle a les nerfs en pelote. »

Le père, en pyjama, apparaît et dit : « Laisse ce garçon tranquille. Viens, mon vieux, on va prendre quelques matés, et on discutera entre hommes. »

La mère répliqua : « Vous, les hommes, ne comprendrez jamais ce genre de choses. »

Et ce jour-là, après avoir appris que Mariana restait couchée pour de vrai parce qu'elle avait eu une fausse couche, Félix, dépité, décida de quitter l'Institut pour rentrer au séminaire ; la suite de son histoire étant connue de tout le monde, je ne vais pas refaire l'hagiographie du premier pape puceau de l'histoire.

On sait aussi bien que German, après avoir été capitaine de l'équipe de football du Vatican, devint son entraîneur et gagna, avec lui, la Coupe du monde – à l'église Saint-Pierre, dans une chapelle, on peut l'admirer aujourd'hui encore. Quant à Mariana, elle finit par se marier avec un gynécologue, partit vivre avec lui à Buenos Aires et réussit le concours des hôtesses de l'air pour *Aerolíneas Argentinas*. Comme elle travailla longtemps sur la ligne Buenos Aires/Rome, elle croisa Félix plus d'une fois. Mais, lui retranché derrière le *Livre d'heures* de Prudence et sa soutane, elle derrière le catalogue de *duty-free* et sa minijupe, ils firent semblant de ne s'être jamais connus – ce qui, au sens biblique du verbe, est tout à fait juste.

Le cochon de Noël

Dans l'après-midi du 21 décembre, Papi apparut, la chemise ouverte jusqu'au nombril, trimballant une haleine de vinasse, et chantant *La Traviata*. Il se tenait aux murs pour ne pas tomber : cent kilos, il faut les déplacer, surtout marinés dans l'alcool, et *Libiam ne dolchi fremiti*[1], il s'arrêtait de chanter et lançait un petit rire, *Che susita lamore*[2]. Mamie, qui repassait sous l'auvent, interrompit sa tâche pour aller l'accueillir à coups de torchon, sale ivrogne, où est-ce que t'es allé te soûler la gueule ? La réponse de Papi fut : *É il mío destin cosí* [3], puis il voulut s'appuyer sur Mamie mais reçut une gifle retentissante, bas les pattes, vieux dégoûtant ! Nous, les gosses, qui connaissions l'aria par cœur à force d'écouter le disque, on faisait la voix de soprano en inventant les paroles. Papi se tordait de rire, au lieu de se fâcher comme cela lui arrivait quand il chantait pour de vrai après les repas de fête et que, nous, on l'accompagnait avec plein de fausses notes et des changements dans les paroles.

1. 2. 3. 4. Vers de *La Traviata*, opéra de Verdi sur un livret de Piave.

Sans se laisser impressionner par les cris de Mamie, je vais t'en faire voir, moi, tu ne sortiras plus jamais seul, Papi attrapa le balai et, s'en servant comme d'une canne, entreprit de traverser la cour. Il fit un premier pas sans cesser de chanter, mais avec une mine grave tout d'un coup, comme s'il s'agissait de franchir l'océan qui le séparait de la tombe de sa mère. À force d'avoir servi, la paille du balai était complètement usée et hirsute, ce qui fait qu'au second pas, Papi pencha sur la droite, et va donc le retenir avec son poids, mais avant d'aller s'écraser contre le sol, il fit tourner le balai entre ses doigts avec l'adresse d'un jongleur, ficha le bout du manche entre deux briques et, grâce à cet appui, progressa encore d'un pas. Mamie disait : je vais t'enfermer dans le poulailler, tu ne dormiras pas dans le grand lit ce soir, tu devrais avoir honte, depuis que t'es à la retraite tu ne fais rien d'autre que glandouiller, au lieu de t'occuper du potager et de nous aider à faire des économies sur les légumes. Il répétait que *Chesata el ansia que vi turvó*[4].

Papi était bien trop occupé à chanter et se tenir debout pour faire attention à Mamie, et c'est elle qui se cassa la figure, lorsque sa savate dérapa sur des petites crottes en forme de croix. Elle s'en prit à Hugo, ce petit merdeux qui chie n'importe où ; on t'a pas encore appris que les toilettes, ça existe ?

Hugo, au bord des larmes, se mit à faire la moue et tante Dorita tira le rideau de sa chambre pour dire à Mamie qu'elle ferait mieux de surveiller son mari plutôt que de s'occuper des enfants des autres. Mamie rétorqua qu'une souillon comme elle n'avait pas de leçons à lui donner, et la tante : parlons-en, je voudrais bien savoir qui c'est qui a la chambre la plus crasseuse. Tout à coup, Mamie parut se souvenir de Papi qui, entre-temps, avait traversé la cour et coupé la musique. Elle le trouva étalé sur le matelas, à plat ventre, accroché au chapelet à la tête du lit, le rameau d'olivier du dernier dimanche de carême comme une couronne desséchée, de travers sur les quatre poils qui lui restaient.

Ah ! c'est du propre, disait Mamie à voix basse, en regardant le plafond, comme si elle s'adressait aux cieux par la lucarne qui laissait passer le soleil de l'après-midi. Dans l'état où il était, la seule chose que Papi pouvait entendre c'était le chœur des anges, tu ne changeras jamais, qu'est-ce que j'ai bien pu faire au Bon Dieu pour mériter cette croix ? Mamie arrangea le chapelet, remit en place le rameau d'olivier et arracha les chaussures de Papi. En sortant, elle prit le trousseau de clefs qui pendait à un clou rouillé dans la galerie, ferma la porte à double tour, tu vas comprendre ta douleur, et jeta un regard circulaire sur la cour. Nous, on connaissait ce regard, on savait qu'en cet instant critique elle cherchait une victime pour se défouler et, en un clin d'œil, on s'enfuit à toutes jambes en sautant par-dessus les haies. Mamie rattrapa Diego, le chopa par sa salopette et l'envoya faire le tour de tous les bars du village pour dire à l'enfoiré qui avait fait crédit au Papi qu'elle ne lui donnerait pas un sou. Diego partit en courant et Mamie lui cria sur le pas de la porte : t'as pas intérêt à traîner si tu ne veux pas que j'aille te chercher avec la ceinture !

Oncle Pancho avait regardé la scène sans dire un mot, dissimulé entre les réfrigérateurs qu'on lui apportait à réparer et qui, éparpillés dans la cour, formaient un labyrinthe où on adorait jouer. Mamie l'appela et il fila, en boitant encore plus que d'habitude, comme toujours quand il était pressé. On aurait dit qu'ils jouaient à cache-cache, jusqu'à ce qu'elle réussît à le coincer, c'est pas vous qui lui avez prêté de l'argent, des fois ? L'oncle se défendit en disant : si seulement on me payait la moitié de ce qu'on me doit, et comme Mamie insistait, alors comme ça vous n'avez rien vu, il la planta là, entre les frigos. Il boita jusqu'à la cuisine et mit à chauffer la bouilloire pour le maté[5], en parlant tout seul : je demanderais pas mieux, moi, que d'avoir de l'argent en trop et de donner de la confiture aux cochons.

5. Voir la note p. 50.

Sur ce, l'oncle Cacho sortit des toilettes du fond, un magazine de mots croisés à la main et un stylo à bille derrière l'oreille, et Mamie lui coupa la route. L'oncle prit un air indigné, je vous en prie, madame, si j'avais de l'argent, je ne le donnerais pas à votre mari pour qu'il se soûle la gueule. Alors Mamie lui débita le discours que l'oncle connaissait par cœur : avec vous on ne sait jamais, un jour vous vous plaignez que vous ne pouvez pas payer le loyer et le lendemain vous en avez plein les poches, elle le traita de bon à rien, et lui reprocha de laisser tante Rita se crever à la loge de gardiennage de l'école pour ensuite aller flamber son salaire.

L'arrivée de Diego sauva oncle Cacho. Il s'était renseigné partout, personne n'avait servi au Papi une seule goutte à crédit. Mariana appela Mamie parce que la *telenovela* d'Andrea del Boca commençait, et Mamie s'installa avec les filles devant la télé qui crachait : tu peux être sûre, comme je le suis moi-même, qu'en dépit de tout ce qui est arrivé, il m'aime encore. Tante Rita rentra de l'école et tante Dorita de l'hôpital, toutes les deux mortes de fatigue ; elles virent la fin de l'épisode et la bande-annonce du suivant. Quand oncle Nacho revint du chantier, Mamie lui raconta tout en bloc, avant même qu'il soit descendu de vélo. C'était lui, le fils aîné aux grosses couilles, qui devait se charger de la situation, et pas les gendres, l'un boiteux, un jean-foutre, qui ne savait pas se faire payer les réparations, et l'autre un flambeur invétéré. Sans se presser, j'ai pas besoin de prendre une douche tout de suite, oncle Nacho rangea ses seaux et ses truelles dans la remise, Dorita, allume le chauffe-eau, mais Mamie répéta : vas-y, réveille ton père, peut-être qu'à toi il va le dire, où il a trouvé l'argent.

Les mains tachées d'enduit desséché, oncle Nacho prit les clefs et entra dans la chambre. Il secoua Papi en lui disant : allez ! réveille-toi ; où est-ce que t'es allé te soûler ? Papi gémit, oncle Nacho se pencha en tendant l'oreille, qu'est-ce que tu dis ? et Papi répondit dans sa barbe. L'oncle sortit, soupira et, en donnant deux tours de clef, dit : il faut attendre qu'il termine de cuver son vin. Tout d'un coup, un cri jaillit de la cuisine : nos économies ! et Mamie arriva en montrant la boîte de lait concentré. Le fond était vide, il ne restait même pas une misérable petite pièce de monnaie. Elle lança la boîte au loin en insultant tous les saints du calendrier. Tante Rita se mordait les lèvres sans rien dire ; oncle Pancho profitait du vacarme pour allumer une cigarette en cachette ; tante Margarita criait : arrêtez, j'ai mal à la tête ! ; oncle Cacho terminait une réussite sur la table de la cour, en répétant à voix basse : ils sont tous cinglés ; tante

Dorita prenait Toto dans ses bras et lui chantait une berceuse pour le préserver de toute cette pagaille-là ; oncle Nacho, furieux, donnait des coups de pied dans le bac de cinq cents litres plein d'eau de pluie. Et nous, les gosses, on restait muets face à la gravité de la situation : Papi avait picolé l'argent que toute la famille économisait depuis des mois pour acheter le cochon de lait de Noël.

•

Le matin du 22 décembre, on fut réveillés par les cris de Papi. Il voulait qu'on le laisse sortir, donnait des coups dans la porte en faisant un raffut du tonnerre et en déplaçant les meubles. Mamie avait dormi dans la galerie, sur le lit déglingué que Papi mettait dans la cour les nuits où la chaleur était insupportable. Pour l'amour de Dieu, ouvre-moi, disait-il, mais elle faisait comme si elle ne connaissait ni Dieu, ni Papi, ni quiconque. Nous, à jeun, on jouait au foot avec une chaussette bourrée de chiffons, pendant que les tantes préparaient le café au lait en se plaignant du gouvernement qui, de la même manière qu'il supprimait des zéros aux pesos quand ça lui chantait, serait capable de sortir un décret supprimant les vacances d'été, comme ça on arrêterait de les emmerder une fois pour toutes.

Ouvre-moi, j'ai chaud ! Ouvre-moi, j'ai faim ! La même rengaine toute la matinée, mais Mamie ne bronchait pas et continuait à laver le linge. Chaque fois qu'il demandait : quand est-ce que tu vas m'ouvrir ? elle lui répondait : quand ça me chantera. Nous, on attrapa le petit gros de Tito, on l'emmena au fond de la cour, on lui mit la tête au bord du trou obscur et sans fond du four à pain et, pour lui faire peur, chiche qu'on te met là-dedans. Tito, mort de trouille, poussait des cris à se briser les cordes vocales et tante Margarita nous fit déguerpir à coups de serviette de toilette, bande de merdeux, ça vous amuse de torturer des plus petits, vous vous croyez malins.

Pendant le déjeuner, les hurlements de Papi tapaient sur les nerfs de tout le monde – ce qui fait qu'on mangea à toute vitesse et sans moufter. Il implorait à grands cris qu'on lui apportât à manger, jusqu'à ce que Mamie lui dît : chut, les voisins vont se plaindre. Alors il se tut, pour obéir à Mamie, ou parce qu'il avait honte, ou peut-être simplement parce qu'il était fatigué. À l'heure de la sieste, alors que les adultes, écrasés de chaleur, ronflaient que c'était un délice, nous, on enleva nos tennis pour ne pas faire de bruit, on entra dans la cuisine, on ouvrit doucement le réfrigérateur et on prit le plat émaillé avec les restes de ragoût du déjeuner. Puis on monta sur le toit et on se pencha par la lucarne de la chambre. Papi, assis au bord du lit, la ceinture ouverte et la chemise trempée de sueur, se balançait et fredonnait une chanson italienne. En entendant le bruit mat sur le plancher, il ne leva même pas la tête. Mais quand il vit que c'était de la viande, il se jeta dessus.

On se chamaillait pour lui lancer les restes de ragoût à travers la lucarne, si étroite que seules deux têtes pouvaient s'y encadrer. D'abord, on lui jeta la viande et les patates, puis les nouilles, qu'il mangea à grand bruit, et quand il eut fini, il passa son doigt sur le parquet pour ne pas perdre une seule goutte de sauce. Lucho apporta un morceau de pain rassis qu'il lui lança sur la nuque sans faire exprès. C'est alors que Papi leva la tête et nous vit pour la première fois. D'un sourire, il remercia le pain, le frotta contre le sol et se mit à le mâcher en restant à nous regarder avec des petits yeux qui en demandaient plus. Cecilia voulait lui lancer le plat, mais on le lui retira à temps, parce qu'autrement le bruit aurait réveillé les adultes, et si en plus on le lui cabossait, c'était sûr que Mamie nous tordrait le cou.

On jouait à cache-cache, Roby comptait jusqu'à soixante, on s'éparpillait entre les réfrigérateurs, le petit hangar plein d'outils que Papi avait accumulés au cours de sa vie de maçon, le poulailler, onze, douze, treize, et on entendit oncle Pancho bavarder avec oncle Cacho, pauvre vieux, jusqu'à quand elle va le garder enfermé ? qu'est-ce qu'elle y gagne ? de toute façon ça ne fera pas revenir l'argent. Tante Margarita apparut à la porte de la chambre, vingt et un, vingt-deux, vingt-trois, y a pas de pauv'vieux qui tienne, il va être joli not'réveillon, à nous empiffrer de pissenlit et de *clerico*[6]. L'oncle Pancho désigna du doigt la cage dans laquelle les poulets picoraient trois épis de maïs, trente-six, trente-sept, trente-huit, et il dit : ils sont bien gras, ça fera de bonnes parts, mais la tante lui répondit : comment veux-tu que trois poulets ça suffise pour tout le monde, avec des enfants qui mangent plus que les adultes, sans compter les malins qui s'invitent toujours ? quarante-huit, quarante-neuf, soixante, ça-y-est, j'arrive.

6. Sorte de salade de fruits alcoolisée, qui ressemble un peu à la sangria.

Mamie se mit à repasser le linge qui avait séché pendant la sieste et qu'elle devait livrer à ses patrons dans l'après-midi. Quand Papi l'entendit, il commença à lui parler en piémontais et elle aussi lui répondait en piémontais, sans cesser de repasser tranquillement. Marcela et Viviana l'aidèrent, en faisant des piles de linge, ça c'est à un tel, ça c'est à tel autre, et elles le rangèrent dans des sacs en plastique qu'elles avaient piqués dans les boutiques du centre-ville. Mamie voulut tout livrer avant le début du feuilleton et appela

Fabian pour qu'il l'aide. En le voyant plier les chemises, nous autres, on lui cria : pédé ! et on fila dare-dare.

Le grabuge débuta quand ils ont vu que le plat était vide. Les oncles s'accusaient entre eux et le seul qu'on n'entendait pas crier était Papi. Le dîner des adultes se résuma à du saucisson avec une salade de chicorée et nous, on eut droit à des nouilles au beurre. Oncle Cacho et oncle Pancho firent une partie de *truco*[7] sur la petite table de la cour, oncle Nacho alla au café, et les tantes installèrent leurs chaises sur le trottoir pour fumer une cigarette et rouspéter contre les parents radins qui n'étaient même pas capables d'envoyer une carte pour les fêtes. Mamie mit ses lunettes et commença à faire un napperon au crochet, sous l'ampoule de l'auvent. Papi la supplia de lui ouvrir et réclama le dîner, mais d'une petite voix qui ne dérangeait plus personne. Même nous, les enfants, on s'y était habitués, et on se mit à jouer au foot avec les crapauds, au milieu de la rue, avec un seul but et chacun pour soi.

7. Jeu de cartes, assez proche du poker, où il est possible d'avoir recours au bluff. On peut donc gagner sans avoir de jeu.

•

Le 23, on s'est drôlement amusés à gaver Papi. On se relayait pour se pencher à la lucarne, et les plus petits braillaient parce que les plus grands ne les laissaient pas voir. Romina apporta le sac de pain dur que tante Margarita gardait pour son pudding de fin de mois, et Papi, en caleçon à fleurs et maillot de corps troué, se mit à se goinfrer. Les adultes nous virent bien aller et venir de la cuisine au toit, mais ils étaient tellement pris par les préparatifs de Noël et par leur discussion sur comment se procurer l'argent pour le cochon de lait, qu'ils ne firent pas attention à nous.

Papi lâcha un gro-o-o-s pet et on s'enfuit par les toits en se bouchant les narines. Quand on revint, il était à quatre pattes et regardait Marta qui lui disait : Grand-Papa, tu es mal élevé, si tu continues, je vais te donner une fessée. Armando apporta un sac de maïs réservé aux poulets, et Papi en fourra dans sa bouche en s'étranglant. Il se frappait la poitrine en crachant des grains, et nous, on lui disait : Papi, tu veux pas du vin pour faire passer le maïs ? on peut dire à Mamie de t'apporter un verre. Papi finit par se décider à mâcher lentement. Il suça les grains de maïs comme si c'étaient des bonbons.

On en avait un peu marre de jouer avec Papi et on s'est mis à regarder les tantes éplucher les fruits pour le *clerico*. Pour les fêtes, on était si nombreux qu'elles le préparaient dans la machine à laver, et la veille, afin qu'il ait plus de goût. Une fois que les fruits étaient coupés en petits morceaux, on ajoutait le sucre, le Cinzano et l'eau gazeuse, on branchait la machine pour bien mélanger et, finalement, on collait le couvercle avec du ruban adhésif pour que personne n'y touchât pendant la nuit. Mais il y avait toujours quelqu'un qui s'arrangeait pour se servir quelques verres le matin de bonne heure, ce qui donnait lieu à des disputes sans fin.

Mamie pétrissait la pâte pour faire les gâteaux et, nous, perchés sur le toit, on disait à Papi que les brioches seraient bientôt prêtes, avec des noix, des raisins secs et des fruits confits, et tu ne veux pas qu'on t'en apporte un morceau ? Il en bavait, comme s'il les voyait, à peine sorties du four, dans les boîtes de conserve dans lesquelles Mamie les faisait cuire. De l'autre côté de la cour, oncle Cacho préparait la sauce pour la viande en se disputant avec tante Dorita : elle voulait la recette et lui, il lui disait qu'elle pouvait toujours courir, qu'il ne la donnerait à personne.

L'heure des trois malheureux poulets avait sonné. Mamie entra dans le poulailler et, au milieu d'un vacarme infernal, elle sortit avec l'un d'eux, dit : pauvre bête et lui planta la lame du grand couteau dans le cou. Le poulet éclaboussa de quelques gouttes rouges le tablier mille fois raccommodé de Mamie et celle-ci l'attacha par les pattes sur la corde à linge. Il s'agitait de moins en moins et, enfin, il cessa complètement de remuer, il pendait comme un chiffon humide et une petite flaque foncée se formait sur le sol. Le même sort fut réservé aux autres poulets sans que Mamie oubliât de murmurer, au moment de planter le couteau : pauvre bête.

Quand la collecte pour acheter le cochon s'organisa, oncle Nacho mit sur la table toute sa paye du chantier ; oncle Cacho apporta une boîte à chaussures dans laquelle il gardait quelques billets de banque parmi des bulletins de loto ; Mamie donna l'argent du linge qu'elle venait de livrer et y ajouta quelques sous qu'elle cachait pour ses fantaisies ; tante Margarita arracha à Lorena la tirelire qu'elle s'était fabriquée avec un bocal de Nescafé et ne lui rendit que la petite monnaie ; et oncle Pancho sortit quelques billets du congélateur d'un frigo en panne. Ils comptèrent l'argent, l'oncle Nacho le mit dans un sac en plastique, sauta sur sa bicyclette et se dirigea tout droit vers la boucherie.

Il revint en faisant la gueule. Il posa son vélo contre une haie et dit : y en a plus. Mamie hurla : comment ça, y en a plus ? et, à contrecœur, il raconta qu'il était allé à la boucherie de Berterolo, à celle de Masachesi, celle de Sartorelo, il avait même poussé jusqu'au supermarché, mais il ne restait pas un seul cochon de lait à vendre dans tout le village, sauf à la boulangerie, déjà cuisiné, mais dans ce cas, le fric ne suffisait pas. Ceci dit, il s'assit à califourchon sur une chaise, s'appuya sur le dossier tout en mâchonnant une allumette usée, comme quand il était en colère et qu'il ne voulait pas qu'on l'emmerde. Mamie se souvint du coupable, mon pochard de mari, il mériterait qu'on le tue, nous laisser sans cochon de Noël, Sainte Vierge Marie, qu'est-ce que j'ai fait pour que tu me mortifies en me mariant avec un pareil homme ?

Ce soir-là, on éteignit la télévision à la fin des infos et dans la maison régna un silence de veillée funèbre. Nous, les garçons, on donnait des coups de pied sans enthousiasme aux crapauds, et les filles, qui n'osaient pas brancher le magnéto, chantaient à voix basse des chansons de Luis Miguel[8], je vais t'oublier, oublier, oublier, elles jouaient à se rappeler les paroles par cœur, c'est mon dernier mot, oublier, blier, blier. Tante Margarita mettait les bigoudis à tante Dorita, tante Rita lisait une bande dessinée, et de temps en temps on entendait les oncles qui jouaient aux cartes. L'aiguille à crocheter de Mamie s'agitait au rythme de son ouvrage, indifférente aux cris de Papi qui réclamait un maté, du saucisson, un Cinzano, des escalopes panées.

8. Chanteur mexicain, idole des jeunes.

•

Le cochon de Noël

La veille de Noël, les réveils sonnèrent de bonne heure. Nous, on arpentait la cour en se frottant les yeux et on s'est mis à jouer au foot avec un ballon en caoutchouc rayé tombé du ciel, jusqu'à ce que les voisins viennent le récupérer, quels emmerdeurs. Attirés par l'odeur du pain grillé, on est entrés un par un dans la cuisine. À côté de la casserole de lait, il y avait une énorme marmite pleine d'eau bouillante.

Oncle Cacho balaya la partie cimentée de la cour et confectionna une table avec trois chevalets et une porte ; oncle Nacho affûta le grand couteau sur une pierre à aiguiser ; au fond de la cour, oncle Pancho nettoya le four en terre avec un vieux balai. Les tantes, tout en papotant, aidèrent Mamie à plier le linge qui avait séché durant la nuit, mais, comme elles parlaient avec les pinces à linge dans la bouche, on ne comprenait que dalle.

Oncle Nacho entra dans le petit hangar, en ressortit avec des cordes et dit à Mamie : quand tu voudras. Mamie prit le trousseau de clefs qu'elle portait à son cou, ouvrit la porte de la chambre, recula jusqu'à l'autre bout de l'auvent et cria : le maté est prêt ! De la chambre vint un bruit de meuble qu'on traîne, suivi d'un long silence. Toute la famille, le regard fixé sur la porte, retenait sa respiration comme s'il s'agissait des tirs au but d'une finale de championnat. Mamie cria : j'ai acheté des pâtisseries, qui est-ce qui en veut ? mais Papi ne broncha pas.

L'oncle Nacho nous prit à part et nous dit à voix basse : montez sur le toit et entrez par la lucarne, comme ça vous lui faites peur et ça le fera sortir. En nous disputant à qui arriverait le premier, les uns par l'escalier, les autres par la haie, on s'est retrouvés sur le toit en un rien de temps. La chambre était sens dessus dessous : les draps en désordre, des photos et des magazines en fouillis sur le plancher, les portes de l'armoire battantes, les tiroirs ouverts et une cheville de Papi qui dépassait de dessous le lit. Comme Adrian était le plus petit, on le fit passer par la lucarne, on le balança pour qu'il prenne de la vitesse et sans égards pour ses cris, à la une, à la deux, à la trois ! on le transforma en bombe humaine. Le lit trembla, Adrian rebondit d'au moins deux mètres et Papi, avec son caleçon à fleurs, sortit à quatre pattes de sa cachette et se dirigea vers la porte à toute vitesse et en braillant.

Les oncles voulurent le coincer mais Papi, emporté par son élan, les renversa et s'enfuit au fond de la cour au milieu de cris qui réveillèrent sûrement tout le quartier. Oncle Pancho réussit à lui agripper une jambe avec la corde et Papi courut jusqu'à l'enclos du potager, mais il n'osa pas sauter, fit demi-tour et se perdit parmi les frigos. L'oncle Pancho, à ses trousses, hurlait : arrêtez-le, bordel de merde, arrêtez-le ! Mais on n'arrête pas comme ça une bête de cent et quelques kilos qui fonce droit devant elle sans se soucier de rien. La seule façon de l'attraper était de l'encercler, puis de resserrer le cercle, et il fallut que les tantes et nous, on s'y mette aussi.

Il faisait très chaud et on était en sueur. Papi, qui transpirait plus que quiconque, finissait toujours par nous glisser entre les mains. Coincé entre deux frigos, il criait à pleins poumons, gigotait, donnait des coups de tête, des coups de pied, jusqu'à ce que tante Dorita réussît à lui attacher les genoux. Quelqu'un le prit par les pieds, un autre lui mit les bras derrière le dos et en un clin d'œil il fut ficelé. Les oncles eurent du mal à le soulever, on voyait leurs veines gonfler sous l'effort. Ils le portèrent à bout de bras jusqu'à la table montée sur les tréteaux. Une mauvaise odeur nous parvint, et tante Margarita baissa le caleçon de Papi : ce salopard avait chié dans son froc ! Mamie dut apporter une bassine et une éponge et nous ne nous débouchâmes le nez que quand elle eut terminé de le nettoyer.

Il beuglait si fort qu'il fit peur aux plus petits : Hector pleurait et demandait qu'on ne fasse pas de mal à Grand-Papa, tandis que Julio et Daniela regardaient gravement la scène. Tante Margarita le bâillonna avec un torchon, et les cris se transformèrent en une toux sèche. Oncle Nacho prit le grand couteau et utilisa la lame pour mesurer le cou de Papi, comme ce dernier le faisait tous les ans avec le cochon que les oncles immobilisaient pour lui. Ses yeux semblaient vouloir sortir de leurs orbites, et tante Rita eut la délicatesse de les lui couvrir avec un coin de torchon. Tante Dorita et tante Margarita apportèrent la cocotte d'eau bouillante, la tenant chacune par une poignée. Mamie alla chercher une casserole parce qu'elle s'était souvenue que, à la campagne, quand on tue le cochon, on récupère le sang pour faire du boudin. Oncle Nacho demanda : vous êtes prêts ? et les autres répondirent : vas-y !

Le corps de Papi se débattait contre la forêt de mains qui le maintenaient, les tréteaux tremblaient, les tantes libéraient leur main droite pour se signer, la casserole se remplissait de sang et les premières mouches volaient, tandis que Mamie répétait à voix basse : pauvre bête ! les yeux fixés sur le jet sombre. Nous, on n'en perdait pas une miette, parce qu'un jour, sans même nous en rendre compte, on deviendrait adultes et ce serait à notre tour d'utiliser le grand couteau. Mais pour l'instant, on était impatients de récupérer la vessie dès qu'ils lui auraient ouvert le ventre, pour la gonfler, en faire un ballon et taper dedans, shooter, shooter, shooter jusqu'à ce qu'il éclatât.

Imprimé en Italie par Rotolito Lombarda
20.9525.5/01
ISBN : 2.01.209525.9
Dépôt légal : 1073 - Novembre 1998